Impressum:

ISBN 3-89811-912-2
Autor: Wilfried Oppermann
Lektorat: Susanne Oppermann
Herstellung: Libri Books on Demand

Speisekarten-Wörterbuch

Deutsch - Englisch

Das mitwachsende

Wörterbuch!

Neueintragungen unter:

http://home.t-online.de/home/oppermann.sprachen

Autor: Wilfried Oppermann

Inhaltsverzeichnis

Vorwort

Dieses Wörterbuch enthält mehr als 6000 deutsche Begriffe mit den entsprechenden englischen Übersetzungen ausschließlich aus dem Bereich der Speise- und Getränkekarten. Das Ziel war die Erstellung eines umfassenden, handlichen Wörterbuchs mit streng alphabetisch geordneten Einträgen ohne Wortnester, Doppeleintragungen und "padding", in dem die gesuchten Begriffe schnell und sicher zu finden sind.

Personen, die keine Restaurant- oder Hotelfachleute sind und sich mit der Übertragung von Speisekarten in die englische Sprache beschäftigen, sollten neben diesem Wörterbuch, das keine detaillierten Erklärungen enthält, ein einsprachiges deutsches Küchenlexikon benutzen. Ein einsprachiges englisches Küchenlexikon kann ebenfalls sehr nützlich sein. Siehe "Literatur" auf Seite 172.

Trotz der mehr als 6000 deutschen Einträge erhebt dieses Werk, das in fast 20 Jahren Praxis und dem Studium und der Übertragung von unzähligen Speisekarten entstanden ist, keinen Anspruch auf Vollständigkeit, denn dazu sind die Möglichkeiten einer guten Küche und die Kreativität der Küchenchefs zu vielfältig. Um dem Benutzer einen optimalen Nutzen zu bieten, sind Ergänzungen zu diesem "mitwachsenden" Wörterbuch auf meiner Homepage kostenlos für den Besucher verfügbar.

Buchholz, Mai 2000 — Wilfried Oppermann

Hinweise für die Wörterbuchbenutzung

→	siehe (Synonyme oder grammatikalische Hinweise)
[ ]	Kann, muss aber nicht mitgeschrieben werden. Beispiel: **omelet[te]**. Die Schreibweise *omelet* ist ebenso korrekt wie *omelette*.
(s)	Die Singular- und Pluralform des deutschen Eintrags ist identisch. In diesem Fall wurde ein "(s)" an den englischen Eintrag angehängt. Beispiel: **Krapfen** / fritter(s)
(Plur. ~ies)	Nicht regelmäßig gebildete Pluralformen sind angegeben. Beispiel: **Beere** / berry *(Plur. ~ies)*
(Plur.)	Dies ist ein Hinweis darauf, dass dieser Eintrag bereits die Pluralform ist. Beispiel: **Ravioli** *(Plur.)* / ravioli *(Plur.)* Eine Pluralform wie z.B. "Raviolis", "Scampis", "Spaghettis", "Makkaronis" usw. existiert weder in der italienischen, deutschen noch englischen Sprache.
™	Warenzeichen Beispiel: **Maggi** ™
;	Nach einem ";" folgt immer eine andere Bedeutung. Beispiel: **backen** (im Ofen) / to bake; (in der Pfanne) / to fry
(GB) (US)	Unterschiedliche Schreibweise oder Übersetzung in Großbritannien und den USA.

Der Steinbeißer

Es ist kaum vorstellbar, dass die Suche nach der korrekten Übersetzung manchmal zur Odyssee wird. Gerade in der Küchenfachsprache wird häufig zu wenig Wert auf Korrektheit und Eindeutigkeit gelegt. Dazu kommen regionale Bezeichnungen, Handelsbezeichnungen, Wortschöpfungen, neue Sorten usw. Widersprüchlichkeiten in Fach- und Wörterbüchern gehören zum Alltag. Zu diesem Thema passt der nachfolgend abgedruckte Vortrag von John D. Graham, den er anlässlich einer Tagung des Deutschen Terminologie-Tages hielt. Ich danke an dieser Stelle Herrn John D. Graham für die Erlaubnis des Abdrucks. Wie gesagt: In vielen Fällen erging es mir bei der Suche nach der richtigen Übersetzung ähnlich.

Mein Heimatort ist ein kleines, verträumtes Fischerdorf an der Ostküste Schottlands. Seit meiner frühesten Kindheit bedeutet Fisch dementsprechend sehr viel in meinem Leben.

Hinzu kommt – ich kann es nicht verleugnen –, dass ich mich in die Reihen der Feinschmecker einordnen lasse. Dies hat auch dazu geführt, dass ich selber viel Spaß am Kochen entwickelt habe.

Neulich stolperte ich über ein sehr viel versprechendes Rezept:

"Steinbeißer"

Dieses Rezept las ich mit großem Interesse, obwohl ich zugeben muss, dass ich das Wort "Steinbeißer" vorher nicht kannte. Aus diesem Grunde schlug ich in meinem Fachwörterbuch "Fische und andere Wassertiere Mitteleuropas" nach.

Dort fand ich:

"Steinbeißer (Cobitis taenia)
Im Gegensatz zur Schmerle trägt der Steinbeißer unter dem Auge einen zweispitzigen Dorn... *Als Speisefisch hat er keine Bedeutung.* Er wird aber gern von Aquarianern gehalten, die seine interessante Lebensweise studieren wollen".

Es kam mir nun etwas merkwürdig vor, dass mein Fachbuch mir sagt, dass ein Steinbeißer keine Bedeutung als Speisefisch hat.

Im Nahrungsmittel-ABC stand unter "Steinbeißer" – "siehe Katfisch". Unter "Katfisch" stand: "Austernfisch, Karbonadenfisch, gestreifter Katfisch (Anarrhichas lupus L.), gefleckter Katfisch (Anarrhichas minor L.), Seewolf, *Steinbeißer*. Stachelflosser, ca. 100 – 200 cm lang. Kopf dick, Zähne stark und spitz. Lange, schmale Rücken- und Afterflosse, keine Bauchflossen. Grau, olivbraun bis graugelb, auch quergestreift oder gefleckt. Fleisch fett, aber wohlschmeckend. Vorkommen: Nordatlantik, Nordsee". Aber ist der Steinbeißer nicht ein Süßwasserfisch?

Also, da schon von "Schmerle" die Rede war, schlug ich im Brockhaus unter "Schmerle" nach:
"Schmerlen, Grundeln, Cobitidae, zu den karpfenartigen gehörenden Fischfamilien mit 12 europäischen und zahlreichen tropischen Arten. Die Schmerlen sind Süßwasserbewohner mit kleinen (auf dem Kopf fehlenden) Schuppen und sechs bis zehn Bartfäden an den wulstigen Lippen... Viele Schmerlen aus Hinterindien sind beliebte Aquarienfische".

Etwas Verbindendes – abgesehen davon, dass beide beliebte Aquarienfische sind – habe ich allerdings in diesen beiden Aussagen gefunden: den Hinweis auf "Schmerlen". Jedoch stand im Fachbuch "Fische und andere Wassertiere Mitteleuropas" unter Steinbeißer "*im Gegensatz* zur Schmerle trägt der Steinbeißer..."

Also schlug ich nochmals in meinem Fachbuch "Fische und andere Wassertiere Mitteleuropas" unter "Schmerle" nach und fand Folgendes:

"Schmerle (Noemacheilus barbatulus)
Die verschiedenen Schmerlenarten sind an ihren Bartfäden auf den ersten Blick zu erkennen. (Das heißt: Man müsste sie eigentlich auseinander halten können!) Unsere gewöhnliche Schmerle wird daher manchmal auch Bartgrundel genannt. Die Bartfäden sind für die Schmerle lebenswichtig, denn sie enthalten Sinneszellen, mit denen sie die Nahrung ausmacht... *Als Speisefisch ist die Schmerle ohne Bedeutung*. Sie eignet sich aber gut als Köder für Barsch, Hecht und Forellen".

Verwundert über diese Aussage wiederum dachte ich mir, ich flüchte dann zurück in meine Muttersprache und schlage in meinem Wörterbuch MURET SANDERS (Langenscheidt) nach. Dort steht ganz eindeutig: "Steinbeißer (Cobitis taenia) gleich **groundling**".

Ich glaubte, ich hätte jetzt die Antwort, die ich brauchte – nur "groundling" fand ich als Fisch in keinem einzigen Fachbuch. Danach fiel mir ein, dass es eine Fischart im Deutschen gibt, die "**Gründling**" heißt. Also zurück zum Brockhaus. Dort stellte ich fest: "Gründlinge, Grundeln, Gresslinge (Gobio) sind eine Gattung der Karpfenfische, kleine *Süßwasser*fische mit zwei Barteln in den Mundwinkeln. Der Gründling (Gobio gobio) wird bis zu 20 cm lang und ist fast über ganz Europa und bis nach China verbreitet. Der Steingressling (Gobio uranuscopus) bewohnt das Gebiet der Donau und des Dnejstr".

Das Fachbuch "Fische und andere Wassertiere Mitteleuropas" machte folgende Aussage:

"Gründling (Gobio gobio):
Gründlinge gehören zu den Karpfenfischen, stehen in ihrer Lebensweise aber eher Schmerlen nahe. Ihr Körper ist mit großen Schuppen besetzt... *Dass Gründlinge vor allem im gebratenen oder panierten Zustand ausgezeichnet schmecken, ist nicht überall bekannt*, besonders geschätzt sind sie z.B. in Frankreich".

Soll das denn heißen, dass "Steinbeißer" (Cobitis taenia) eigentlich gleichzusetzen ist mit "gudgeon" (Gobio gobio)? Oder war der Steinbeißer eigentlich ein Gründling?

Zurück zum Lexikon: Gobio gobio heißt in der Tat "gudgeon". Um sicherzugehen, prüfte ich noch einmal nach. Im Fachlexikon Chambers fand ich: "Gudgeon: (Build.) A metal pin used for joining adjacent stones. (Eng.) A pivot at the end of a beam or axle on which a bell, wheel, etc. works (Join.) The wrought-iron pin which is fastened to a gate-post or door frame, and about which the leaf of a strap-hinge turns".

Spätestens zu diesem Zeitpunkt merkte ich, das dies alles nichts, aber gar nichts, mit der Zubereitung von Fisch zu tun hat. Also blieb nichts anderes übrig, als in der Encyclopaedia Britannica nachzuschlagen. Dort fand ich:

"Gudgeon (Gobio gobio, sometimes called Gobio fluviatilis), an *edible fish* of the carp family (Cyprinidae), found in *fresh waters* in Europe and Northern Asia, especially in sandy or gravelly shallows. It rarely exceeds a length of eight inches; it has a barbel at each corner of the mouth and a row of blackish spots along the side of the body".

In dem zweisprachigen Wörterbuch fand ich unter "gudgeon (Gobio gobio) als deutsche Entsprechung "Steinbeißer (cobitis taenia)"!

Nun sind dies Süßwasserfische, und ich komme von der Küste. Daher kommen vielleicht auch meine Schwierigkeiten.

Ich entschloss mich also, auf Süßwasserfische fürs Erste zu verzichten, weil ich nicht einsehen konnte, dass in meiner Küche neben den Kochbüchern auch noch Brockhaus und Encyclopaedia Britannica und andere Nachschlagewerke zur Verfügung stehen müssen und dass ich für jede Fischart über zwei Stunden Suchzeit in Kauf nehmen muss ohne jegliche Garantie, dass ich letztendlich auf eine richtige, eindeutige Antwort stoßen werde.

John D. Graham

Zubereitungsarten

und

Garnituren

Französisch gilt allgemein als Küchensprache, und daher sind auch auf deutschen Speisekarten des Öfteren französische Begriffe anzutreffen. Besonders sind hier die mit "à la" gebildeten Zubereitungsarten und Garnituren zu nennen. Sie sind an dieser Stelle aus zwei Gründen aufgeführt, erstens, um als Referenz für die korrekte Schreibweise zu dienen, zweitens, um vom französischen Begriff mit Querverweis über den deutschen Begriff zum englischen Begriff zu gelangen. Wie im gesamten Wörterbuch wird auch hier konsequent die alphabetische Reihenfolge eingehalten.

Zubereitungsarten und Garnituren werden grundsätzlich nicht mit Anführungszeichen geschrieben. Siehe dazu auch die sprachlichen Hinweise auf den Seiten 161 - 163.

***à la...** / à la..., [in the] ...style*

à la Agnès Sorel / [à la] Agnès Sorel
à la badoise / →badische Art
à la banquière / →Bankiersart
à la basque / →baskische Art
à la batelière / →Flussschifferart
à la bayonnaise / →Bayonner Art
à la Bercy / →Bercyer Art
à la bernoise / →Berner Art
à la berrichonne / →Berryer Art
à la bohémienne / →böhmische Art
à la bonne femme / →Hausfrauenart
à la bordelaise / →Bordeauxer Art
à la boulangère / →Bäcker[in]-art
à la boulognaise / →Boulogner Art
à la bouquetière / →Blumenmädchenart
à la bourgeoise / →bürgerliche Art
à la bourguignonne / →Burgunder Art
à la brabançonne / →Brabanter Art
à la bragance / →Braganzer Art
à la bretonne / →bretonische Art
à la bruxelloise / →Brüsseler Art
à la capucine / →Kapuzinerart
à la cardinal / →Kardinalsart
à la carte / →nach der Karte
à la castillane / →kastilische Art
à la catalane / →katalanische Art
à la Cendrillon / →Aschenbrödelart
à la cévenole / →Cevenner Art

à la chanoine / →Domherrenart
à la charcutière / →Metzgerinart
à la Chartres / →Chartraiser Art
à la chasseur / →Jägerart
à la châtelaine / →Burgfrauenart
à la chilienne / →chilenische Art
à la chinonaise / →Chinoner Art
à la Clamart / [à la] Clamart
à la Colbert / [à la] Colbert
à la comtesse / →Gräfinart
à la Condé / [à la] Condé
à la Conti / [à la] Conti
à la Crecy / [à la] Crecy
à la crème / →in Sahne
à la créole / →Kreolenart
à la dieppoise / →Diepper Art
à la dijonaise / →Dijoner Art
à la diplomate / →Diplomatenart
à la Doria / [à la] Doria
à la Dubarry / [à la] Dubarry
à la duchesse / →Herzoginart
à la favorite / →Lieblingsart
à la fermière / →Bäuerinart
à la financière / →Finanzmannart
à la flamande / →flämische Art
à la florentine / →Florentiner Art
à la forestière / →Förster[in]art
à la française / →französische Art
à l'africaine / →afrikanische Art
à la gastronome / →Gastronomenart
à la genevoise / →Genfer Art
à la génoise / →Genueser Art
à la géorgienne / →georgische Art
à la gourmet / →Feinschmeckerart
à la grand-duc / →Großherzogsart
à la grand'mère / →Großmuttersart
à la grecque / →griechische Art
à la hongroise / →ungarische Art
à la hussarde / →Husarenart
à la japonaise / →japanische Art
à la jardinière / →Gärtnerinart
à l'Albertine / [à l']Albertine
à l'Albuféra / [à l']Albuféra
à l'algérienne / →algerische Art
à la ligurienne / →ligurische Art
à la lithuanienne / →litauische Art
à l'allemande / →deutsche Art
à la lombarde / →lombardische Art
à l'alsacienne / →Elsässer Art
à la lyonnaise / →Lyoner Art
à la macédoine / →mazedonische Art
à la mâconnaise / →Mâconer Art
à la madrilène / →Madrider Art
à la maison / →Art des Hauses
à la maître d'hôtel / →Haushofmeisterart
à la maltaise / →Malteser Art
à la maréchal / →Marschallsart
à la marinière / →Seemannsart
à la marquise / →Markgräfinart

à la marseillaise / →Marseiller Art
à la matelote / →Matrosenart
à l'ambassadeur / →Botschafterart
à l'américaine / →amerikanische Art
à la mexicaine / →mexikanische Art
à la milanaise / →Mailänder Art
à la minute / →auf schnellste Art
à l'amiral / →Admiralsart
à la moderne / →moderne Art
à la monégasque / →monegassische Art
à la Montmorency / →Montmorency
à la nantaise / →Nantaiser Art
à la napolitaine / →Neapler Art
à l'ancienne / →alte Art
à l'andalouse / →andalusische Art
à l'anglaise / →englische Art
à la niçoise / →Nizzaer Art
à la nivernaise / →Neverser Art
à la normande / →normannische Art
à l'antiboise / →Antiber Art
à l'anversoise / →Antwerpener Art
à la palestinienne / →palästinische Art
à la parisienne / →Pariser Art
à la paysanne / →Bauernart
à la périgourdine / →Perigorder Art
à la persane / →persische Art
à la piémontaise / →Piemonteser Art
à la polonaise / →polnische Art
à la portugaise / →portugiesische Art
à la princesse / →Prinzessinart
à la printanière / →Frühlingsart
à la provençale / →provenzalische Art
à la reine / →Königinart
à l'argenteuil / →Argenteuiler Art
à l'ariégeoise / →Arieger Art
à l'arlesienne / →arlesische Art
à la romaine / →römische Art
à la Romanow / →Romanow
à la royale / →königliche Art
à la russe / →russische Art
à la sarde / →sardische Art
à la savoyarde / →Savoyer Art
à la saxe / →sächsische Art
à la sicilienne / →sizilianische Art
à la strasbourgeoise / →Straßburger Art
à l'athénienne / →Athener Art
à l'atlantique / →atlantische Art
à la toscane / →toskanische Art
à la turque / →türkische Art
à la tyrolienne / →Tiroler Art
à l'australienne / →australische Art
à la valaisienne / →Walliser Art
à la valencienne / →Valenciener Art
à la vénitienne / →venezianische Art
à la viennoise / →Wiener Art

à la vigneronne / →Winzerart
à l'avignonnaise / →Avignoner Art
à l'écossaise / →schottische Art
à l'égyptienne / →ägyptische Art
à l'empereur / →Kaiserart
à l'espagnole / →spanische Art
à l'impératrice / →Kaiserinart
à l'impériale / →kaiserliche Art
à l'indienne / →indische Art
à l'italienne / →italienische Art
à l'orientale / →orientalische Art

Wörterbuch

Deutsch - Englisch

A

Aal (Flussaal) / eel
Aal blau / eel au bleu →blau
Aal grün / boiled eel →grüner Aal
Aal in Dillsauce / eel in dill sauce
Aal in Gelee / jellied eel
Aalquappe / →Aalrutte
Aalrutte (Aalquappe, Trüsche) / burbot
Aalsuppe / eel soup
Aalterrine / terrine of eel
ab zwei Personen / for two or more persons
Abacatebirne / →Avocado
Abalone (Ohrschnecke) / abalone
Abendessen / dinner, supper, evening meal
Abendkarte / evening menu
Aberdeen Angus / →Angus...
Abfüllung (Flasche) / bottling
Abgang (Weingeschmack) / finish *(end-taste of a wine)*
abgeschmeckt mit... / seasoned with...
ablöschen / to add water (or wine, etc.)
Abschiedsessen / farewell dinner
Aceto Balsamico ™ (Balsam-essig) / Aceto Balsamico
Ackerbohnen / →Saubohnen
Ackersalat / →Feldsalat
Adamsapfel / →Pampelmuse
adelig (Weingeschmack) / noble
Adlonsalat / Adlon salad
Admiralsart / [in the] admiral style, à l'amiral
afrikanische Art / à l'africaine, [in the] African style
Agar-Agar / agar-agar *(gelling agent)*
Agnès Sorel / [à la] Agnès Sorel
ägyptische Art / [in the] Egyptian style, à l'égyptienne
Ahornsaft / →Ahornsirup
Ahornsirup / maple syrup
Aidasalat / Aida salad *(artichoke bottoms, tomatoes and endives)*
Aiguillettes *(Plur.)* / aiguillettes *(long thin strips or slices of meat)*
Aïolisauce / aïoli sauce, aioli sauce *(mayonnaise flavoured with garlic)*
à la... / →"Zubereitungsarten und Garnituren", Seiten 11-14
Albertine / [à l']Albertine
Albertsauce / Albert sauce *(horseradish sauce)*
Albuféra / [à l']Albuféra
Albuférasauce / Albufera sauce *(with chicken meat glaze)*
al dente / al dente *(cooked to be firm to the bite)*
Alexandersalat / Alexander salad
Alexandrasalat / Alexandra salad *(fruit salad)*
Alexissalat / Alexis salad

Algen / sea vegetables, seaweed
algerische Art / [in the] Algerian style, à l'algérienne
Alhambrasalat / Alhambra salad
Alicesalat / Alice salad
Alkohol / alcohol, spirits, liquor →alkoholische Getränke
alkoholarm / low in alcohol
alkoholarmes Bier / low-alcohol beer
alkoholfrei / non-alcoholic, alcohol-free
alkoholfreie Getränke / soft drinks, non-alcoholic drinks
alkoholfreies Bier / alcohol-free beer, non-alcoholic beer
Alkoholgehalt / alcohol content
alkoholhaltig / alcoholic, containing alcohol
alkoholische Getränke / [alcoholic] drinks
Allerlei / hotchpotch
allerlei, mit...Gemüse / with assorted vegetables
Allgäuer Bergkäse / Allgäu mountains cheese
Allgewürz / →Piment
Alpenkäse / Alpine cheese
Alsterwasser / shandy *(beer and lemonade)*
Alpenschneehuhn / →Schneehuhn
als Beilage / →mit Beilage
Alse (Finte, Maifisch) / shad
Altbier / Alt beer *(top-fermented dark beer)*
alte Art / à l'ancienne, [in the] old-fashioned style
Altenburger Ziegenkäse / Altenburg goat cheese
Alu[minium]folie, in der / baked in aluminium foil (GB), baked in aluminum foil (US)
Alumetteskartoffeln / →Streichholzkartoffeln
am Spieß / on the spit →Spieß
am Stück gebraten / roasted in one piece →braten
am Tisch flambiert / flamed at the table
amandine... / →Mandel...
Amarelle / amarelle *(sour cherry)*
Ambrosia, die / ambrosia *(fruit dessert)*
amerikanische Art / [in the] American style, à l'américaine
amerikanische Sauce / sauce américaine, American sauce, *(tomato sauce with lobster butter)*
amerikanische Suppe / soup à l'américaine, American soup
amerikanischer Salat / American salad
Ammerländer Salat / Ammerland salad
Amourettes *(Plur.)* / amourettes *(marrow from beef bones)*
Amuse gueule (Gaumenfreude) / mouth pleaser →Appetithäppchen
an einer Sauce (mit einer Sauce) / with a sauce
Ananas / pineapple

Ananas Condé / pineapple Condé
Ananas mit Kirsch / pineapple with kirsch
Ananasbeignet, der *(Plur. ~s)* / pineapple fritter
Ananasbeilage, mit / with pineapple
Ananascreme / pineapple cream
Ananaskaltschale / chilled pineapple soup
Ananas-Karotten-Salat / pineapple and carrot salad
Ananaskirsche / →Kapstachelbeere
Ananaskrapfen / pineapple fritter(s)
Ananaskraut / pineapple cabbage
Ananaslikör / pineapple liqueur
Ananassaft / pineapple juice
Ananassauce / pineapple sauce
Ananasschiffchen / pineapple barquette(s), pineapple boat(s)
Ananastorte / pineapple gâteau
Anbaugebiet (Wein) / wine region
Anbaugebiet, bestimmtes (Wein) / designated wine region
Anchovis / →Anschovis
andalusische Art / [in the] Andalusian style, à l'andalouse
andalusische Rahmsuppe / Andalusian cream soup
andalusische Sauce / sauce andalouse, Andalusian sauce
andalusischer Salat / Andalusian salad
Andorrasalat / Andorra salad
Andouille / andouille *(French sausage)*
Anellini *(Plur.)* / anellini *(Plur.)* *(small rings of pasta)*
Angelika (Engelswurz) / angelica
angemacht / in a special dressing, dressed
angereichert mit... / enriched with...
angerichtet mit... / garnished with..., served with...
Angler / →Seeteufel
Angusfilet / Aberdeen Angus fillet
Angus-Roastbeef / Aberdeen Angus roast beef
Angussteak / Aberdeen Angus steak
Anis (Gewürz, Getränk) / aniseed
Anisette, der / anisette *(aniseed liqueur)*
Anitasalat / Anita salad
Anke / →Blaufelchen
anmachen (anrichten, dekorieren) / to dress
Annakartoffeln / Anna potatoes *(sliced and oven-baked with butter)*
Annettesalat / Annette salad
Annone / →Netzannone →Stachelannone →Cherimoya
Anschovis, die (auch Anchovis) *(Sing. und Plur.)* (Sardelle) / anchovy *(Plur. ~ies)*

Ansgar / Ansgar [cheese]
ansprechend (Weingeschmack) / attractive, pleasant
Antiber Art / [in the] Antibes style, à l'antiboise
Antiber Sauce / Antibes sauce
Antipasti *(Plur.)* / →Vorspeisen
Antipasto *(Sing.)* / →Vorspeise
Antwerpener Art / [in the] Antwerp style, à l'anversoise
Aperitif *(Plur. ~s)* / aperitif
Apfel / apple
Äpfel Grimaldi / apples Grimaldi
Apfel im Schlafrock / baked apple in puff pastry
Äpfel Mistral / apples Mistral
Apfelauflauf / apple soufflé
Apfelbeignet, der *(Plur. ~s)* / apple fritter
Apfelbettelmann / apple and bread pudding
Apfel-Blumenkohl-Salat / apple and cauliflower salad
Apfelbrand / →Apfelschnaps
Apfelcharlotte / apple charlotte
Apfel-Chutney / apple chutney
Apfeleierkuchen / pancake topped with apple rings
Apfelkaltschale / chilled apple soup
Apfel-Karotten-Salat / apple and carrot salad
Apfelklarer / clear apple schnapps
Apfelkompott / apple compote
Apfelkorn / apple brandy
Apfelkrapfen / →Apfelbeignet
Apfelkraut / apple syrup
Apfelkren / →Apfelmeerrettich
Apfelkroketten / apple croquettes
Apfelkuchen / apple tart, apple pie, apple cake
Apfelküchle / apple fritter(s)
Apfelmeerrettich (Apfelkren) / apple and horseradish
Apfelmeerrettichsauce / apple and horseradish sauce
Apfelmeringue, die *(Plur. ~s)* / apple meringue
Apfelmost / apple juice
Apfelmus / apple sauce, apple purée, stewed apple
Apfelpalatschinken / apple pancake *(usually with filling)*
Apfelpfannkuchen / →Apfel-eierkuchen
Apfelreis / rice pudding with apple
Apfelring / apple ring
Apfelringe, gebacken / apple fritters
Apfelrotkohl / red cabbage with apple
Apfelrotkraut / →Apfelrotkohl
Apfelsaft / apple juice
Apfelsaftschorle / →Apfel-schorle
Apfelsauce / apple sauce
Apfelschnaps / apple brandy
Apfelschorle / apple-juice spritzer
Apfelsine / orange
Apfelsinencreme / orange cream

Apfelsinenkaltschale / chilled orange soup
Apfelsinenmarmelade / marmalade →Marmelade
Apfelsinensauce / orange sauce
Apfelspalte / apple wedge →Spalte
Apfelstrudel / apple strudel *(thin sheet of dough filled with apple slices, rolled up and baked)*
Apfelsuppe / apple soup
Apfeltasche / apple turnover
Apfeltorte / apple gâteau, apple cake
Apfelwein / cider
Appenzeller / Appenzeller [cheese]
Appetit / appetite
Appetit auf Schokolade? / Feel like some chocolate?
Appetit, guten / →guten Appetit
Appetitanreger / →Appetithäppchen
Appetitbissen / →Appetithäppchen
Appetithäppchen / small appetiser(s) (GB), appetizer(s) (US) →Vorspeisen; (Schnittchen) / canapé(s)
Aprikose (Marille) / apricot
Aprikosenauflauf / apricot soufflé
Aprikosenkaltschale / chilled apricot soup
Aprikosenknödel / apricot dumpling(s)
Aprikosenkompott / apricot compote
Aprikosenkuchen / apricot tart
Aprikosenlikör / apricot liqueur
Aprikosenmarmelade / apricot jam
Aquavit / aquavit
Arbeitsessen / business lunch
Arbutus / →Erdbeerbaumfrucht
Ardenner Schinken / Ardennes ham
Arekanuss (Betelnuss) / betel nut
Argenteuiler Art / [in the] Argenteuil style, à l'argenteuil *(with asparagus)*
Argenteuiler Salat / Argenteuil salad *(with asparagus)*
argentinisches Rindfleisch / Argentinean beef
Arieger Art / [in the] Ariege style, à l'ariégeoise *(with pork, kidney beans, cabbage and potatoes)*
arlesische Art / [in the] Arlesian style, à l'arlesienne *(with aubergine slices, onion rings and tomatoes)*
arm an... / containing little...
Armagnac / armagnac *(dry brandy)*
arlesischer Salat / Arlesian salad
arme Ritter / bread fritters
Aroma / flavour (GB), flavor (US), aroma; (Wein) / aroma
aromatisch (Weingeschmack) / aromatic

aromatisiert / flavoured (GB), flavored (US)
Arrak / arrack
Art / style *(z.B. "[in the] hunter's style")* →nach...Art
Art des Hauses, nach / made to our own recipe, our special... →Salat des Hauses
artig (Weingeschmack) / characteristic; light
Artischocke / [globe] artichoke
Artischockenboden / artichoke bottom
Artischockenherz / artichoke heart
Artischockenkroketten / artichoke croquettes
Artischockensalat / artichoke salad
Artischockensauce / artichoke sauce
Asche, in der...gebraten/gegart / baked in ashes
Äsche / grayling
Aschenbrödelart / [in the] Cinderella style, à la Cendrillon
Aspik / jelly, aspic; (in Aspik) / jellied
Assamtee / Assam tea
Astorsalat / Astor salad
Astoriasalat / Astoria salad
Athener Art / [in the] Athenian style, à l'athénienne
Atlantik-Seezunge / Atlantic sole
atlantische Art / [in the] Atlantic style, à l'atlantique
Aubergine / aubergine (GB), eggplant (US)
Auberginensalat / aubergine salad, eggplant salad →Aubergine
Auerhahn / capercaillie
Auerhuhn / capercaillie [hen]
auf... / on..., set on...; set on a base of...
auf...Art / →nach...Art
auf Bestellung / →Bestellung
auf Eisblock / on ice
auf schnellste Art / à la minute
auf Toast / on toast
aufgeschlagen (Sauce) / whipped
Aufguss (Kaffee, Tee) / infusion
Aufgussbeutel (Tee) / tea bag; (Kaffee, Kräuter) / sachet
au gratin / →gratiniert
Auflauf / [baked] soufflé
aufschlagen (Sauce) / to whip
Aufschnitt / cold cuts
Aufschnittplatte / assorted cold cuts
Aufstrich (Brotaufstrich) / spread
Aurorasauce / Aurora sauce
aus dem Ofen / baked
aus dem Meer / seafood
aus der Flasche / out of the bottle
aus der Schale (Muscheln) / →frisch aus der Schale
ausdrucksvoll (Weingeschmack) / characterful
auserlesen / choice *(z.B. "choice vegetables")*

ausgebackener Fisch / deep-fried fish
ausgebaut (Weingeschmack) / mature, ripe
ausgebeint / boned
ausgeglichen (Weingeschmack) / well balanced
ausgewählt / selected *(z.B. "with selected condiments")*
auspressen (Zitrone) / to squeeze
ausgepresster Orangensaft / squeezed orange juice
Auslese (Wein) / Auslese *(high-quality wine made from selected grapes)*
Ausschankwein / wine by the glass
Aussehen (Wein) / appearance
Auster / oyster
Austern Belleclaire / oysters Belleclaire
Austerncocktail / oyster cocktail
Austernpastetchen / oyster patty, oyster patties
Austernpilz (Austernseitling) / oyster mushroom
Austernsauce / oyster sauce
Austernschiffchen / oyster barquette(s), oyster boat(s)
Austernspießchen / oysters on the spit →Spieß
Austernseitling / →Austernpilz
Austernsuppe / oyster soup
australische Art / [in the] Australian style, à l'australienne
Auswahl an... / →Auswahl von...
Auswahl von... / selection of..., assorted...
Avignoner Art / [in the] Avignon style, à l'avignonnaise
Avignoner Sauce / Avignon sauce
Avocado (Abacatebirne) / avocado [pear]
Avocadocreme / avocado cream
Avocadomousse / avocado mousse
Avocadosalat / avocado salad
Avocado-Scampi-Salat / avocado and scampi salad
Avocato / →Avocado
Aziagurke / asier cucumber, sweet pickled asier

B

Baba / baba [cake] *(light cake raised with yeast)*
Baba mit Rum / rum baba *(baba cake saturated in rum)*
Babaco / →Karambole
Babybel / Babybel [cheese]
Babyapfel / →Kirschapfel
Babysteinbutt / young turbot
Babyzwiebel *(Plur. ~n)* / →Perlzwiebel
Bachforelle / river trout
Bachsaibling / →Saibling
Backblechkartoffeln / baked potatoes
backen (im Ofen) / to bake; (in der Pfanne) / to fry; (frittieren) / to deep-fry
Bäcker[in]art / à la boulangère, [in the] baker's style
Backerbsen / pasta dumplings
Backerbsensuppe / soup with pasta dumplings
Bäckerinart / →Bäckerart
Bäckerinkartoffeln / boulangère potatoes
Backfisch / fried fish; baked fish →backen
Backforelle / baked trout
Backhähnchen / fried spring chicken
Backhendle / →Backhähnchen
Backhuhn / fried chicken
Backobst (Trockenfrüchte) / dried fruit[s]
Backobstkompott / mixed dried fruit compote
Backofen / oven
Backpflaume / prune
Backstein / Backstein [cheese]
Backwaren / bread, cakes and pastries
Backwerk / cakes and pastries
badische Art / à la badoise, [in the] Baden style
badischer Hecht / pike [in the] Baden style *(gratinated pike fillets with onions)*
Bagrationsalat / Bagration salad *(macaroni and chicken)*
Bagrationsuppe / Bagration soup *(veal soup with macaroni)*
Baguette / baguette, French bread
Baiser, das *(Plur. ~s)* (Schaumgebäck) / meringue
Baisertorte / meringue gâteau
Balkangemüse / Balkan-style vegetables
Balkansalat / cabbage and pepper salad
Ballottine / ballottine *(boned and stuffed chicken leg)*
Balsam / balsam
Balsamapfel / →Bittermelone
Balsamessig / balsamic vinegar
Balsamico / →Aceto Balsamico
Balsamvinaigrette / vinaigrette sauce with balsam
Balthasarsalat / Balthasar salad

Bambusschössling / →Bambussprosse
Bambussprosse / bamboo shoot
Bambussprossensuppe / bamboo shoot soup
Bami-goreng / bami goreng
Banane / banana
Banane im Schlafrock / baked banana in puff pastry
Bananenbeignet, der *(Plur. ~s)* / banana fritter
Bananeneis / banana ice-cream
Bananensplit / banana split
Bandnudeln / broad noodles, ribbon noodles
Bankiersart / à la banquière, [in the] banker's style
Barbarakraut (Winterkresse) / barbelkraut, land cress
Barbarieente / Barbary duck
Barbe / barbel
Barbecue / barbecue
Barbecuesauce / barbecue sauce
Bärenschinken / bear ham
Bärensteak / bear steak
Bärentatzen / Viennese fingers *(pastry)*
Bärlauch / wild garlic
Bärlauchbutter / wild garlic butter
Bärlauchsuppe / wild garlic soup
Bärme / →Hefe
Baron / baron *(large joint of meat)*
Barsch / perch
Basilienkraut / →Basilikum
Basilikum / basil
Basilikumjus / basil sauce
Basilikumklößchen / basil dumpling(s)
Basilikummarinade / basil marinade
Basilikumrahm / →Basilikumsahne
Basilikumsahne / creamed basil, cream of basil
baskische Art / à la basque, [in the] Basque style
Basmatireis / basmati rice
Bastardsauce / bastard sauce
Batate, die *(Plur. ~n)* (Süßkartoffel) / sweet potato *(Plur.~es)*
Bataviasalat / →Endiviensalat
Bauchspeck / belly of pork, pork belly, belly pork
Bäuerinart / [in the] style of the farmer's wife, à la fermière
Bauernart / [in the] farmer's style, country-style, à la paysanne, farmhouse...
Bauernauflauf / bacon and potato omelet[te]
Bauernbrot / farmer's bread, rye bread
Bauernente / farm-grown duck
Bauernfrühstück / farmer's breakfast, farmhouse breakfast *(fried eggs, bacon and potatoes)*
Bauernkartoffeln / country-style potatoes
Bauernomelett / bacon and potato omelet[te]; bacon and onion omelet[t]e
Bauernpfanne / farmer's fry-up

Bauernsalat / country[-style] salad
Bauernsülze / jellied meat [in the] farmer's style
Bauernsuppe / country[-style] soup *(thick soup with sliced sausage and vegetables)*
Bauerntorte / country[-style] gâteau
Bauernwurst / farmer's sausage
Baumkuchen / pyramid cake
Baumstachelbeere / →Karambole
Baumtomate (Tamarillo) / tree tomato *(Plur. ~es)*
Bavaria Blu / Bavaria Blu [cheese]
Bavaroise / →bayerische Creme
bayerische Creme / Bavarian cream
bayerische Leberknödel / Bavarian liver dumpling(s)
bayerischer Senf / →süßer Senf
Bayerischkraut / Bavarian cabbage
Bayonner Art / [in the] Bayonne style, à la bayonnaise, *(containing Bayonne ham)*
Bayonner Schinken / Bayonne ham
Béarner Sauce / béarnaise sauce *(hollandaise sauce with onion, vinegar, tarragon and parsley)*
Beatricesalat / Beatrice salad
Beaucairesalat / Beaucaire salad *(ham salad)*
Beauharnaissauce / Beauharnaisse sauce
Beaujolais / Beaujolais (*light, fruity red wine from Burgundy*)
Beaujolaiser Sauce / Beaujolais sauce
Béchamelkartoffeln / béchamel potatoes *(sliced potatoes in creamy sauce)*
Béchamelsauce / béchamel [sauce]
Becherpastete / →Timbale
Bedienen Sie sich! / Help yourself!
Bedienung / service
Bedienung inbegriffen / service [charge] included
Beefhack (Schabefleisch) / [raw] minced beef →Hack
Beefsteak / [beef]steak
Beefsteak, deutsches / hamburger steak
Beere / berry *(Plur. ~ies)*; (Weintraube) / grape
Beerenauslese (Wein) / Beerenauslese *(wine made from specially selected grapes)*
Beerengrütze / fruit jelly
Beerenmark / fruit sauce
Beerenobst / soft fruit
Beerensuppe / berry soup
begossen mit... / basted with *(z.B. "basted with apple sauce")*
Belieben / →nach Belieben
Beifuß (Gänsekraut) / mugwort
Beignet, der *(Plur. ~s)* / beignet, fritter

Beilage / side dish; garnish; accompaniment →mit Beilage
beizen (marinieren) / to marinade
Bekassine (Sumpfschnepfe) / snipe
bekömmlich / digestible
belegtes Brot / open[-faced] sandwich
belle Hélène / belle Hélène *(fruit served with ice-cream)*
Bellevuesalat / Bellevue salad
Beluga (Fisch) / beluga sturgeon;
(Kaviar) / beluga caviar
Benediktiner Art / Benedictine style
Bercyer Art / à la Bercy, [in the] Bercy style
Bercyer Butter / Bercy butter
Bercyer Sauce / Bercy sauce *(fish stock, white wine, butter and shallots)*
Bergamottöl / bergamot
Bergkäse / mountain cheese
Bergseeforelle / mountain lake trout
Berliner / jam-filled doughnut, Berlin doughnut
Berliner Art / [in the] Berlin style
Berliner Biersuppe / Berlin beer soup
Berliner Luft / Berlin mousse
Berliner Pfannkuchen / →Berliner
Berliner Rotwurst / black pudding [in the] Berlin style
Berliner Salat / Berlin salad
Berliner Steak / Berlin steak
Berliner Weiße / Berliner Weisse *(fizzy beer)*
Berliner Weiße mit Schuss / Berliner Weisse with fruit syrup
Bermudasalat / Bermuda salad
Berner Art / à la bernoise, [in the] Bernese style
Berner Platte / mixed meat [in the] Bernese style *(served on a bed of sauerkraut or beans)*
Berner Rahmsteak / creamed steak [in the] Bernese style
Berner Rösti / grated fried potatoes [in the] Bernese style *(with almonds)*
bernsteinfarben (Wein) / amber
Bernykartoffeln / Berny potatoes *(with almonds)*
Berryer Art / à la berrichonne, [in the] Berry style
Berryer Suppe / Berry soup
Bestellung (Anforderung) / order;
(das Bestellen) / ordering;
(Reservierung) / reservation;
(auf Bestellung) / on request;
(nach Wahl) / →nach Wahl
bestes Stück / best end
bestimmtes Anbaugebiet (Wein) / designated wine region
bestreichen / to spread
bestreuen / to sprinkle
bestreut mit... / sprinkled with...

bestreut mit Mehl / floured, sprinkled with flour
bestrichen mit... / spreaded with...
Betelnuss / →Arekanuss
Bethmännchen / Bethmann marzipan biscuit(s)
beträufeln / to sprinkle *(z.B. "to sprinkle lemon juice over the fish", "sprinkled with lemon juice")*
Bett / →Salatbett
Beuschel / stewed calves' lung *(served with dumplings)*
Bibernelle (Pimpinelle) / [salad] burnet
Bickbeere / →Blaubeere
Bienenhonig / →Honig
Bienenstich / honey-almond cake
Bier / beer
Bier vom Fass / draught beer, beer on tap
Bierkaltschale / chilled beer soup
Bierplinsen / meat coated in beer batter
Biersauce / beer sauce
Bierschinken / ham sausage
Biersuppe / beer soup
Bierteig / beer batter
Bierwurst / beer sausage *(smoked pork and beef)*
Biff Lindström / minced fillet steak [à la] Lindström
Bigarade / →Pomeranze
Bigaradesauce / bigarade sauce, orange sauce
Bigos / bigos *(stew made from cabbage, sauerkraut, meat, etc.)*
Bihunsuppe / rice vermicelli soup
binden (Suppe, Sauce) / to thicken

***Bio...** / bio..., organic...*

Biogemüse / biovegetables
biodynamisch (adj) / organic, biodynamic;
(adv) / biodynamically, organically
biodynamisch angebaut / biodynamically grown
Biokost / organic food
biologisch / biological
Birchermüsli / Bircher muesli
Birkhahn / black cock
Birkhuhn / black grouse
Birne / pear
Birne Alma / pear Alma *(stewed in port and served with whipped cream)*
Birne Condé / pear Condé *(pear served on rice)*
Birne Helene / pear belle Hélène *(vanilla ice-cream with pear and hot chocolate sauce)*
Birnenauflauf / pear soufflé
Birnenbrot / [sweetened] fruit bread
Birnenkompott / pear compote
Birnensaft / pear juice
Birnenvinaigrette / vinaigrette sauce with pear

Bischofsbrot / bishop's Christmas bread *(containing fruit, nuts and chocolate)*
Bischofssauce / bishop's sauce
Biskuit / sponge
Biskuitkuchen / sponge cake
Biskuitrolle / Swiss roll (GB), jelly roll (US)
Bismarckhering / soused herring with onions
Bismarcksalat / Bismarck salad
Bitok / bitok *(Russian meat loaf served with sour cream)*
Bittermandel / bitter almond
Bittermelone (Balsamapfel) / balsam apple, bitter melon, bitter gourd
Bitterorange / →Pomeranze
blanchieren (auch blanschieren) / to blanch
Blancmanger, das *(Plur. ~s)* / blancmange *(sweet semi-solid moulded dessert)*
Blankett, das / blanquette *(stew of light-coloured meat)*
blanschieren / →blanchieren
Blasenkirsche / →Kapstachelbeere
Blässhuhn / →Blesshuhn
Blätterkohl / →Blattkohl
Blätterteig / puff pastry
Blätterteiggebäck / puff pasty
Blätterteighalbmond / fleuron
Blätterteigkissen / cushion(s) of puff pastry, parcel(s) of puff pastry
Blätterteigmantel / →in Blätterteig
Blätterteigpastetchen / patty *(Plur.~ies)*
Blätterteigpastete / vol-au-vent →Vol-au-vent
Blätterteigröllchen / puff pastry roll(s)
Blätterteigstäbchen / puff pastry strip(s)
Blattkohl / kale
Blattsalat / green salad
Blattspinat / leaf spinach
blau / au bleu (*z.B. "eel au bleu")* *(steamed and served with butter);*
(Garstufe) / →Garstufe
Blaubeere (Heidelbeere, Schwarzbeere) / bilberry (GB), blueberry (US) *(Plur. ~ies)*
Blaubeerpfannkuchen / blueberry pancake(s) →Blaubeere
Blaufelchen (Anke, Renke) / blue whitefish
Blaufisch / →Seelachs
Blaukraut / →Rotkohl
Blauschimmelkäse / blue cheese
Blechkartoffeln / →Backblechkartoffeln
Bleichsellerie (Staudensellerie, Stangensellerie, Stielsellerie) / celery
Bleichselleriesalat / celery salad
Bleichselleriesauce / celery sauce
Blesshuhn (auch Blässhuhn) / coot

Blindhuhn / bean and bacon casserole [with apples and vegetables]
Blin *(Plur. ~i)* / blin *(Plur. blini oder blinis) (thin pancakes served with caviar and sour cream)*
Blume (Bier) / head; (Wein) / bouquet, aroma
Blumenkohl / cauliflower
Blumenkohl Villeroi / cauliflower Villeroi *(with Villeroi sauce)*
Blumenkohl überbacken / gratinated cauliflower
Blumenkohl gratiniert / →Blumenkohl überbacken
Blumenkohlauflauf / cauliflower soufflé
Blumenkohlmedaillon / cauliflower medallion
Blumenkohlröschen / cauliflower floret(s)
Blumenkohlsalat / cauliflower salad
Blumenkohlsuppe / cauliflower soup
Blumenmädchenart / à la bouquetière, [in the] florist's style
blutig [gebraten] / →Garstufen
Blutorange / blood orange
Blutwurst (Rotwurst) / black pudding
Bockbier / Bock beer *(strong beer)*
Bockbiersauce / Bock beer sauce
Bocksbart / →Schwarzwurzel
Bocksbeutel / green flagon-shaped bottle containing Franconian wine →Franken-wein
Bockwurst / →Brühwurst
bodenloser Kaffee / as much coffee as you can drink
Bodenseefelchen / Lake Constance trout(s)
Boeuf Stroganow (auch ...Stroganoff) / boeuf Stroganoff
böhmische Art / [in the] Bohemian style, à la bohémienne
Bohnen / beans
Bohnen, dicke / →Saubohnen
Bohnen, große / →Saubohnen
Bohnen, grüne (Buschbohnen, Strauchbohnen, Stangenbohnen, Schnippelbohnen, Schnittbohnen, Delikatessbohnen, Prinzessbohnen) / French beans, green beans, string beans, bush beans
Bohnen, rote / kidney beans
Bohnen, weiße / haricot beans
Bohnen in Butter / buttered beans →Bohnen, ...
Bohnenbündchen / bunch of string beans →Bohnen, grüne
Bohneneintopf / bean stew
Bohnenkraut / savory (GB), savoury (US) *("savoury" bedeutet aber auch "schmackhaft" im Sinne von pikant)*
Bohnenpüree / bean purée
Bohnensalat / bean salad

Bohnensuppe / bean soup →Bohnen, ...
Bohrmuschel / piddock
Bolognaise / →Bologneser Sauce
Bologneserart / [in the] Bolognese style
Bologneser Sauce / Bolognese sauce *(minced meat with onion and tomatoes)*
Bombaysalat / Bombay salad
Bommerlunder ™ / Bommerlunder *(caraway-flavoured brandy)*
Bonifatiussalat / Boniface salad
Bonito / bonito
bonne femme / →Hausfrauenart
Bonnefoysauce / Bonnefoy sauce
Bordeauxer Art (Bordelaiser Art) / [in the] Bordeaux style, à la bordelaise
Bordeauxwein / bordeaux, Bordeaux
Bordeauxsauce / →Bordelaiser Sauce
Bordelaiser Art / →Bordeauxer Art
Bordelaise-Sauce / →Bordelaiser Sauce
Bordelaiser Sauce / Bordelaise sauce *(red wine sauce)*
Bordüre / border
Borretsch (Gurkenkraut) / borage
Borschtsch / borscht *(Russian vegetable soup)*
Bostoner Art / [in the] Boston style
Botschafterart / [in the] ambassador's style, à l'ambassadeur
Bouchée *(Plur. ~s)* / bouchée *(small vol-au-vent)* →Vol-au-vent
Bouillabaisse / bouillabaisse *(stew of fish, shellfish and vegetables)*
Bouillon / bouillon, broth →Suppe
Bouillon mit Einlage / broth with a garnish, garnished broth
Bouillonkartoffeln / bouillon potatoes
Boulette / →Bulette
Boulogner Art / [in the] Boulogne style, à la boulognaise
Bouquet / bouquet
Bowle / punch
Boysenbeere / boysenberry *(Plur. ~ies)*
Brabanter Art / [in the] Brabant style, à la brabançonne
Brachse / →Brasse
Braganzer Art / à la bragance, [in the] Braganza style
Brägen / →Bregen
braisieren / to braise
Brandade / →Stockfischbrandade
Brandteig / choux pastry
Branntwein / brandy
brasilianische Art / [in the] Brazilian style
Brasse (Brachse) / bream

Brät / sausage meat
Bratapfel / baked apple
braten (in der Pfanne) / to fry; (auf dem Rost) / to grill; (im Ofen ohne Fett) / to bake; (im Ofen mit Fett) / to roast
Braten / joint, roast
Braten, kalter / cold roast
Bratensaft / →Jus
Bratensauce / gravy
Bratfisch / fried fish
Brathähnchen / roast chicken; grilled chicken →braten
Brathendle / →Brathähnchen
Brathering / grilled and pickled herring *(eaten cold)*
Brathuhn / roast chicken; grilled chicken →braten
Brathühnchen / roast chicken; grilled chicken →braten
Bratkartoffeln / fried potatoes, roast potatoes →braten
Brätknödelsuppe / broth with meat dumplings
Bratling / fried vegetable ball
Bratpfanne / →Pfanne
Bratrollmops / grilled and pickled rollmop *(herring fillet rolled around a gherkin stick and onion slices)*
Bratrost / →Grill
Bratwurst / fried sausage; grilled sausage →braten
Bratwurst im Schlafrock / fried sausage roll
Bratwurst vom Grill / grilled sausage
braun gebraten / roasted until brown; fried until brown →braten
Braunbier / brown beer
braune Butter / brown butter
braune Sauce / brown sauce
Brauner (Kaffee) / black coffee with a little milk
brauner Fond / brown stock
brauner Kuchen / brownie(s)
brauner Zucker / brown sugar, dark sugar
Braunkohl / →Grünkohl
Braunschweiger Salat / Brunswick salad
Brause (Limonade) / pop, fizzy lemonade
Brechbohnen / bush beans *(green or yellow)*
Bregen / brains
Bregenwurst / pork and brains sausage
Brei / purée, paste; (für Kinder) / mash
breite Bohnen / →Saubohnen
Breitling / →Sprotte
Bremer Knipp / fried groats sausage
Bremer Pinkel / groats sausage(s)
brennend serviert / →am Tisch flambiert
Brennnessel / nettle
Brennnesselsuppe / nettle soup
Bretagner Art / →bretonische Art
bretonische Art / à la bretonne, [in the] Brittany style *(with haricot beans)*

bretonischer Salat / Breton salad
bretonische Sauce / Breton sauce
Brett / wooden plate
Brezel, die *(Plur. ~n)* / pretzel
Bries, das / sweetbreads
Briesperlen / pearls of sweetbreads
Briesterrine / terrine of sweetbreads
Brioche, die / brioche *(light, rich roll)*
Bristolsalat / Bristol salad *(chicken salad)*
Brochette / →Spieß
Broiler, der / →Brathähnchen
Brogliesauce / Broglie sauce *(brown sauce with ham purée)*
Brokkoli *(Plur.)* / broccoli *(Plur.)*, calabrese
Brokkoliköpfe / spears of broccoli
Brokkoliröschen / broccoli floret(s)
Brombeere / blackberry (*Plur. ~ies)*
Bröschen / →Kalbsbries
Brösel / →Brotkrümel
Brot / bread
Brotaufstrich / spread
Brotbelag / topping
Brötchen (Knüppel, Semmel, Rundstück, Schrippe, Wecke) / roll
Brotfrucht / →Jackfrucht
Brotkorb / bread basket
Brotkrümel / breadcrumb(s)
Brotkruste / crust
Brotlaib / loaf of bread *(Plur. loaves)*
Brotsauce / bread sauce
Brotscheibe / →Brotschnitte
Brotschnitte / slice of bread
Brotsuppe / bread soup
Brotteig / bread dough; pastry →im Brotteig
Brotzeit (Pause) / break for a snack;
(Essen) / snack
Bruchspargel / cut asparagus
Brühe / broth →Suppe
Brühkartoffeln / →Bouillonkartoffeln
Brühwurst / large frankfurter
Brunch / brunch
Brunnenkresse (Wasserkresse) / watercress
Brunnenkressesalat / watercress salad
Brunoise / brunoise *(diced vegetables)*
Brüsseler Art / à la bruxelloise, [in the] Brussels style *(with Brussels sprouts)*
Brüsseler Endivie / →Chicorée
Brüsseler Kohl / →Rosenkohl
Brüsseler Röschen / →Rosenkohl
Brüsseler Salat / →Chicoréesalat
Brust / breast;
(Bruststück) / brisket
brut / brut *(very dry)*
Bubaspitzle (auch Bubespitzle, Bubenspitz) / potato noodles

Bucatini *(Plur.)* / bucatini *(Plur.)* *(thick spaghetti)*
Buchtel, die *(Plur. ~n)* / jam-filled yeast dumpling
Buchweizen / buckwheat
Buchweizenblini / buckwheat blini →Blin
Buchweizenpfannkuchen / buckwheat pancake(s)
Buchweizentorte / buckwheat gâteau
Bückling / smoked herring
Büfett (Büffet = österr., Buffet = schweiz.) / buffet; (Salatbüfett) / salad bar
Büfett, kaltes / cold buffet
Büfett, Salat vom / buffet salad
Büfett, vom / from the buffet
Büfett, warmes / buffet supper
Bug / shoulder
Bukett (Wein) / bouquet
bukettreich (Weingeschmack) / full bouquet
Bukettwein / bouquet wine
Bulette / meatball
Bündner Fleisch / Grisons air-dried beef

bunt..., bunter... */ mixed..., colourful... (GB), colorful... (US), variety of..., fancy...*

bunter Kartoffelsalat / colourful potato salad (GB), colorful... (US)
bunter Reis / vegetable rice
bunter Rohkostsalat / mixed raw vegetable salad
bunter Salat / fancy salad
buntes Reisfleisch / →Reisfleisch
bürgerlich / plain
bürgerliche Art / [in the] bourgeoise style, à la bourgeoise
bürgerliche Küche / [good] plain cooking
Bürgermeisterkartoffeln / →Rahmkartoffeln
Burgfrauenart / à la châtelaine, [in the] castellan style
Burgunder (Wein) / Burgundy
Burgunder Art / [in the] Burgundy style, à la bourguignonne *(in red wine sauce)*
Burgunderbraten / beef [in the] Burgundy style *(braised beef in red wine)*
Burgundersauce / Burgundy sauce
Burzelkraut / →Portulak
Buschbohnen / →Bohnen, grüne
Büsumer Krabben / Büsum shrimps →Krabbe
Butt / →Steinbutt →Flunder →Glattbutt →Heilbutt
Butter / butter
Butter, braune / brown butter
Butter, gute / real butter
Butterbohnen / buttered beans
Butterbrot / [slice of] bread and butter
Buttercreme / buttercream
Buttercremetorte / buttercream gâteau

Buttererbsen / buttered green peas
Butterfisch / butterfish
Butterflöckchen / small knob(s) of butter
Buttergebäck / →Butterplätzchen
Butterkartoffeln / buttered potatoes
Butterkäse / buttery cheese, ladies' cheese
Butterkeks / rich tea biscuit
Butterkugel / pat of butter
Buttermilch / buttermilk
Butternudeln / buttered noodles
Butterplätzchen / rich biscuit(s)
Butterreis / buttered rice
Butterröllchen / roll(s) of butter
Butterrösti / grated potatoes fried in butter
Buttersalat / →Kopfsalat
Buttersauce / butter sauce
Butterschmalz / melted butter
Butterspätzle / buttered Swabian noodles
butterweich / lovely and soft; melts on the tongue

C

Cabanossy / cabano *(Polish pork sausage)*
Café / →Kaffee
Café brûlot / café brûlot
Café de Paris / Café de Paris
Café-de-Paris-Butter / Café-de-Paris butter
Calamares / →Kalmar
Calvados / calvados *(apple cider brandy)*
Calvadosrahmsauce / creamed calvados sauce
Calvadossauce / calvados sauce
Camembert / camembert
Camembert, gebacken / baked camembert
Canapé, das *(Plur. ~s)* / →Kanapee
Canestrini *(Plur.)* / canestrini *(Plur.)*
Cannelloni *(Plur.)* / cannelloni *(Plur.)*
Cannelon / stuffed puff pastry roll
Cantaloupe / →Cantaloupemelone
Cantaloupemelone / cantaloup[e] [melon]
Cappelletti *(Plur.)* / cappelletti *(Plur.) (cone shaped pasta)*
Cappuccino / cappuccino *(espresso with cream)*
Caprisalat / Capri salad
Carambola / →Karambole
Caramel / →Karamell
Cardamom / →Kardamom
Cardy (Gemüseartischocke, Karde) / cardoon *(similar to the globe artichoke)*
Carmensalat / Carmen salad
Carmensuppe / Carmen soup *(rice soup with tomato)*
Carobe / →Johannisbrot
Carolinesalat / Caroline salad
Carpaccio / carpaccio *(sliced paper thin) (z.B. "salmon carpaccio")*
Carpaccio vom Rehrücken / saddle of venison carpaccio
Carpet-Bag-Steak / carpet bag steak *(thick beef steak filled with oysters)*
Carré / →Karree
Carusosalat / Caruso salad
Casanovasalat / Casanova salad
Cäsarsalat / Caesar salad
Cashewkern / →Cashewnuss
Cashewnuss / cashew nut
Cassata, die / cassata *(ice-cream with candied fruit)*
Cassis / cassis *(blackcurrant liqueur)*
Cassissorbet / cassis sorbet →Sorbet
Cassoulet / cassoulet *(rich stew)*
Caviar / →Kaviar
Cayennepfeffer (Guineapfeffer) (Gewürz) / cayenne pepper; (Schote) / cayenne pepper, hot pepper

Célestine / Celestine *(fried chicken Celestine; chicken soup with pancake strips)*
Cervelatwurst / →Zervelatwurst
Cevapčići / cevapcici
Cevenner Art / à la cévenole, [in the] Cévennes style
Ceylontee / Ceylon tea
Chablis / Chablis *(dry, white Burgundy wine)*
Chablissauce / Chablis sauce
Chambérysalat / Chambéry salad
Champagner / champagne
Champagnerkraut / sauerkraut with champagne
Champagnersenf / champagne mustard
Champagnersorbet / champagne sorbet →Sorbet
Champignon / mushroom, champignon
Champignoncremesuppe / cream of mushroom soup
Champignonkroketten / mushroom croquettes
Champignonragout / mushroom ragout
Champignonrahm / cream of mushrooms
Champignonrahmschnitzel / escalope with creamed mushrooms
Champignons auf Toast / mushrooms on toast
Champignons in Knoblauch / garlic mushrooms
Champignons mit feinen Kräutern / savoury mushrooms (GB), savory... (US)
Champignonsalat / mushroom salad
Champignonsauce / mushroom sauce
Champignonsoufflé (auch ...soufflee) / mushroom soufflé
Champignonsuppe / mushroom soup
Chantilly / [à la] Chantilly *(with whipped cream)*
Chantillysauce / Chantilly sauce
Chantillysuppe / Chantilly soup
Charlotte / charlotte *(moulded hot fruit pudding)*
Chartraiser Art / à la Chartres, [in the] Chartres style
Chateaubriand / Chateaubriand *(thick beef fillet, grilled and served with a sauce)*
Chateaubriand Eugen / Chateaubriand Eugen
Chateaubriandsauce / Chateaubriand sauce
Chatka / →Königskrabbe
Chaudfroid / chaud-froid *(jellied dish)*
Chaudfroid von Ente / chaud-froid of duck
Chaudfroid von Geflügel / chaud-froid of chicken
Chaudfroid vom Reh / chaud-froid of venison
Chaudfroidsauce / chaud-froid sauce *(white sauce with jelly)*

Cheeseburger / cheeseburger
Chef (Küchenchef) / chef
Chef de cuisine / head chef
Chefsalat / chef's salad
Cherimoya (Zimtapfel, Chirimoya, Stachelannone) / cherimoya, custard apple
Chesterstange / Chester straw
Chianti / Chianti *(Italian red wine)*
Chicken Maryland / chicken Maryland *(chicken portions coated in egg and breadcrumbs, then deep-fried in oil)*
Chicken Nuggets / chicken nuggets
Chicorée (auch Schikoree) (Brüsseler Endivie, Witloof) / chicory (GB), endive[s] (US) →Endivie
Chicoréesalat / chicory salad →Chicorée
Chiffonade / chiffonade *(soup of finely shredded herb leaves; garnish made from finely sliced leaves)*
chilenische Art / à la chilienne, [in the] Chilean style *(with rice and red peppers)*
Chili (Schote) / →Chilischote
Chili con Carne / chil[l]i con carne
Chiligewürzpulver / chil[l]i powder
Chilisauce / chil[l]i sauce
Chilischote / chil[l]i pepper
Chinakohl (Pekingkohl) / Chinese cabbage
chinesische Eier (tausendjährige Eier) / Chinese preserved eggs, 1000-year-old eggs
chinesische Haselnüsse / Chinese nuts *(dried lychees)*
chinesische Kastanien / →Wasserkastanien
chinesische Stachelbeere / →Kiwi
Chinoner Art / [in the] Chinon style, à la chinonaise
Chipolata / chipolata sausage
Chips / →Kartoffelchips
Chirimoya / →Cherimoya
Chivrysauce / Chivry sauce *(white wine and herbs mixed with poultry sauce)*
Chop-suey / chop suey
Choronsauce / Choron sauce *(béarnaise sauce with tomato purée)*
Christstollen / →Stollen
Chutney / chutney, sweet pickle
Ciabatta / ciabatta *(oval shaped bread)*
Civet, das / civet *(game stew made from rabbit or hare)*
Clamart / [à la] Clamart *(with peas)*
Clamartsuppe / Clamart soup *(pea soup)*
Clementine / clementine
Club Sandwich / club sandwich *(two slices of toast with a filling)*
Coburger Schinken / Coburg ham
Cocktail / cocktail

Cocktailkirsche / cocktail cherry *(Plur. ~ies)*
Cocktailsauce / cocktail sauce
Cocktailtomate / →Kirschtomate
Cointreau ™ / Cointreau
Colbert / [à la] Colbert
Colbertbutter / Colbert butter *(herb butter)*
Colbertsauce / Colbert sauce *(herb butter with meat glaze)*
Concassée / concassée *(chopped or crushed)*
Condé / [à la] Condé
Condéreis / rice Condé
Confit / confit *(preserved meat, fruit or vegetables)*
Consommé / →Kraftbrühe
Conti / [à la] Conti *(garnished with bacon and lentil purée)*
Cordon bleu / cordon bleu
Corned beef / corned beef
Cornflakes / cornflakes, corn flakes
Cornichons / small pickles, cornichons, cocktail gherkins
Côtes du Rhône / Côtes du Rhône *(French wine, mainly red wine)*
Coulis, die / coulis *(z.B. "raspberry coulis")*
Couverture / →Kuvertüre
Crab-Meat-Salat / →Kamtschatkasalat
Cranberry (Kulturpreiselbeere) / cranberry *(Plur. ~ies)*
Crécy / [à la] Crécy *(with carrots)*
Creme / cream
Crème fraîche / crème fraîche
Cremesauce / cream sauce
Cremeschnitte / cream slice
Cremesuppe / cream soup →Suppe
Cremesuppe Dubarry / cream soup Dubarry
Cremetorte / cream gâteau
Crêpe / crêpe, crepe *(Plur. ~s)*
Crêpe Georgette, die / crêpe Georgette *(with pineapple)*
Crêpe Suzette, die / crêpe Suzette *(with orange buttercream)*
Crevette / shrimp →Krabbe
Crevettenbutter / shrimp butter
Crevettencocktail / →Krabbencocktail
Croissant / croissant
Croque-madame / croque madame *(toasted sandwich with chicken and cheese)*
Croque-monsieur / croque monsieur *(toasted sandwich with ham and cheese)*
Croquetten / →Kroketten
Croûton, der / crouton
Cumberlandsauce / Cumberland sauce
Curry / curry
Currybutter / curried butter
Curryfleisch / meat curry
Curryhuhn / chicken curry
Currymayonnaise / curried mayonnaise
Currypulver / curry powder
Curryrahm / creamed curry

Curryrahmsauce / creamed curry sauce
Curryrahmsuppe / cream of curry soup
Curryreis / curried rice
Currysauce / curry sauce
Currywurst / grilled sausage with curry and ketchup
Curuba / banana passion fruit

D

Damentoast / lady toast
Damhirsch / fallow deer
dämpfen / to stew
Dampfkartoffeln / steamed potatoes
Dampfnudel / sweet dumpling
Damwild / fallow deer
dänische Art / [in the] Danish style
Darjeelingtee / Darjeeling tea
dasselbe mit... / the same served with...
Dattel / date
Dauphinekartoffeln / dauphine potatoes, potato croquettes
dazu... / [served] with...
Debrecziner / Debrecziner [sausage]
Debrecziner Gulasch / beef goulash Debreczin
deftig / [good] solid
deftige Hausmannskost / good plain cooking
deftige Wurst / substantial sausage
deftiger Grünkohl / curly kale with pork and sausage
Degustation / tasting
Degustationsmenü / tasting menu
Delikatesse / delicacy
Delikatessbohnen / →Bohnen, grüne
Delikatessgurken / gherkins
Delmonicokartoffeln / Delmonico potatoes *(potato balls)*
Delmonicosalat / Delmonico salad *(apple and celery)*
Delmonicosteak / Delmonico steak *(boneless thick beef steak)*
...der Saison / ...in season *(z.B. "salad in season")*
Dessert / dessert
Dessertbüfett / dessert buffet →Büfett
Dessertkarte / dessert menu
Dessertteller / dessert creation
Dessertwein / dessert wine
deutsche Art / [in the] German style, à l'allemande
deutscher Kaviar (Kaviar vom Seehasen) / lumpfish roe
deutsches Beefsteak / hamburger steak
Diabetikergericht / diabetic meal
Diabetikerkuchen / diabetic cake
Diabetikerwein / diabetic wine
Dialog von... / various...
Dianapastetchen / patty Diana, patties Diana
Dianasauce / Diana sauce *(game sauce)*
Diät / diet
Diätkost / diet food
dick geschnitten / thick cut
dicke Bohnen / →Saubohnen

dicke Rippe / pork belly
Dickmilch / sour[ed] milk, curdled milk
Diepper Art / à la dieppoise, [in the] Dieppe style
Diepper Sauce / Dieppe sauce
Dijoner Art / à la dijonaise, [in the] Dijon style
Dijon-Senf / Dijon mustard
Dill / dill
Dillbutter / dill butter
Dill-Gurkensauce / dill and cucumber sauce
Dillkartoffeln / dill potatoes
Dill-Senfsauce / dill and mustard sauce
Dillsauce / dill sauce
Diner / dinner
Diner bei Kerzenlicht / candlelight dinner
Dinkel, der (Grünkern) / spelt
Dinkelrisotto / spelt risotto
Dinkelsuppe / spelt soup
Dip / dip *(z.B. "garlic dip")*
Diplomatenart / à la diplomate, [in the] diplomat style
Diplomatenpudding / diplomat pudding
Diplomatensauce / diplomat sauce *(truffled lobster sauce)*
Distelöl (Safloröl) / thistle oil
Dithmarscher Art / [in the] Ditmarsh style
diverse... / assorted...
Divinesauce / divine sauce
Djuvecreis / djuvec rice
Döbel / chub
Domherrenart / à la chanoine, [in the] canon's style
Domino / chocolate candy with marzipan and gingerbread
Donaukarpfen / Danube carp
Donaulachs / →Huchen
Doornkaat ™ / Doornkaat *(juniper-berry brandy)*
Doppelbockbier / double Bock beer *(strong →Bockbier)*
Doppeldecker / double-decker
Doppelkorn / grain liquor
Doppelrahmfrischkäse / double cream cheese
doppelt / double
doppelte Kraftbrühe / double consommé →Suppe
doppeltes Entrecôte / →Entrecôte double
Doria / [à la] Doria *(with cucumber)*
Doriasalat / Doria salad *(with cucumber)*
Doriasauce / Doria sauce *(béchamel sauce with cucumber)*
Dornhai (Steinaal) / dogfish
Dörrobst / →Backobst
Dörrpflaume / →Backpflaume
Dorsch / cod
Dorschleber / cod liver
Dosenmilch / tinned milk (GB), canned milk (US), condensed milk
Drachenauge / →Longane
Drachenkraut / →Estragon
Drei-Eier-Omelett / three-egg omelet[te]
dreierlei... / a trio of...

Drei-Gänge-Menü / three-course meal
Dreikönigskuchen / Twelfth Night cake
Dreiminutenei / three-minute egg
Dresd[e]ner Stollen / →Stollen
dressieren (geschmackvoll anrichten, dekorieren, anmachen) / to dress
Dressing (Salatsauce) / dressing
dritter Gang / third course
Dubarry / [à la] Dubarry *(with cauliflower)*
Dubarrysuppe / Dubarry soup
Duchessekartoffeln / →Herzoginkartoffeln
duftig (Weingeschmack) / fragrant, scented
Dumassauce / Dumas sauce
Dunkelbier / →Malzbier
dunkles Bier / dark beer
dünn / thin
dünn geschnitten / fine cut
dünsten / to steam
durchgebraten / →Garstufen
durchgegoren (Weingeschmack) / fully fermented out
durchwachsen (Fleisch) / marbled;
(Speck) / streaky
durchwachsener Speck / streaky bacon
Durian / durian
Düsseldorfer Rippchen / spareribs [in the] Düsseldorf style
Dutzend / dozen →halbes Dutzend
Duxellessauce / duxelles sauce *(herb sauce with mushrooms)*

E

Eber / boar
Ebereschenbeere / →Vogelbeere
Ebereschensauce (Vogelbeerensauce) / rowanberry sauce
echt / real
Eclair, das / éclair *(finger-shaped pastry)*
Edamer / Edam [cheese]
edel (Speise) / fine; (Wein) / noble
Edelfisch / fine fish
Edelpilze / fine mushrooms
Edelpilzkäse / blue cheese, glorious mould cheese (GB), ...mold... (US)
edle Speise / fine dish
edler Wein / noble wine
Egli / river perch
ehrlich (Weingeschmack) / honest
Ei / egg
Ei, hart gekocht / hard-boiled egg (GB), hard-cooked egg (US)
Ei, in...gebraten / in egg glaze
Ei, weich gekocht / soft-boiled egg (GB), soft-cooked egg (US)
Eichblattsalat / oak leaf salad
Eich[en]laubsalat / →Eichblattsalat
Eidotter / →Eigelb
Eier, gefüllte / stuffed eggs
Eier im Glas / eggs in a glass
Eier, kalte / cold eggs
Eier, pochierte / →Eier, verlorene
Eier, verlorene (pochierte Eier) / poached eggs
Eier mit Schinken / ham and eggs
Eier mit Speck / eggs and bacon
Eierauflauf / egg soufflé
Eierflöckchensuppe / egg flake soup
Eierfrikassee / egg fricassee
Eierfrucht / →Aubergine
Eierhaber / raisin omelet[te]
Eierklößchen / egg custard dumpling(s)
Eierkuchen / →Eierpfannkuchen
Eierlikör / eggnog
Eiermuschelsuppe / soup with pasta garnish
Eiernudeln / egg noodles
Eierpfannkuchen / pancake(s)
Eierpflaume / large plum
Eierrahm / custard
Eiersalat / egg mayonnaise, egg [and mayonnaise] salad
Eiersauce / egg sauce
Eierschaum (Meringue) / meringue; (Eierschnee) / →Eierschnee
Eierschnee / beaten egg white
Eierschwamm / →Pfifferling
Eierspätzle / egg noodles

Eierspätzlesuppe / egg noodle soup
Eierspeisen / egg dishes
Eierstich / egg custard
Eigelb / egg yolk, yolk of egg
eigen / *its own (z.B.* "iced *melon with its own sorbet")*
Eihülle, in / in egg
ein Paar Würstchen / two sausages
einfach (Weingeschmack) / ordinary
einfacher Salat / plain salad
eingelegt (sauer) / pickled; (in Rotwein, Rum etc.) / soaked in...
eingelegte Gurken / pickles
eingelegter Brathering / →Brathering
eingelegter Hering / marinated herring
eingemacht / preserved
einheimisch / local, domestic
Einlage / garnish →Bouillon mit Einlage
Einlaufsuppe / egg drop soup
einschließlich / including, inclusive of, included
einschließlich Bedienung / service included
Einspänner / coffee with whipped cream served in a glass
Eintopf / stew
Eintopfgericht / stew, single dish meal
Eis / ice; (Speiseeis) / ice-cream
Eis am Stiel / ice lolly *(Plur. ~ies)* (GB), Popsicle (US)
Eis, mit (Getränk) / on the rocks
Eis und heiß / ice-cream with hot cherries (or raspberries)
Eisauflauf / ice-cream soufflé
Eisauflauf Anisette / aniseed ice-cream soufflé
Eisbaiser, das *(Plur. ~s)* / ice-cream meringue
Eisbecher / ice-cream coupe, sundae; (aus Pappe) / ice-cream tub
Eisbecher mit Früchten / →Fruchteisbecher
Eisbein / knuckle of pork
Eisbergsalat / iceberg lettuce
Eisbombe / ice-cream bomb
Eisbombe Zamora / ice-cream bomb Zamora
Eischnee / →Eierschnee
Eiscreme / →Eiskrem
Eisdessert / ice-cream dessert
eisgekühlt / iced, chilled
Eisgetränk / iced drink
Eiskaffee / iced coffee
eiskalt / icy cold
Eiskrem / ice-cream
...eiskrem / ...ice-cream *(z.B. "strawberry ice-cream")*
Eismeershrimps / shrimps of the Antarctic Ocean →Krabbe
Eismeringue, die *(Plur. ~s)* / ice-cream meringue
Eisomelette / baked Alaska, Norwegian omelet[te]
Eisparfait / ice-cream parfait

Eispraline / ice-cream candy
Eissalat / →Eisbergsalat
Eisschokolade / iced chocolate
Eissoufflé (auch ...soufflee) / frozen soufflé
Eistee / iced tea
Eistörtchen / ice-cream tartlet(s)
Eistorte / ice-cream tart, ice-cream gâteau
Eistorte Dolores / ice-cream tart Dolores
Eiswasser / iced water
Eiswein / ice wine *(sweet wine made from grapes which have been exposed to frost)*
Eiweiß / white of egg, egg white; (Protein) / protein
Eiswürfel / ice-cube(s)
Elainesalat / Elaine salad
Elch / elk
Elchkeule / leg of elk
Elfenbeinsauce / ivory sauce
elegant (Weingeschmack) / elegant
Elsässer Art / [in the] Alsatian style, à l'alsacienne *(with sauerkraut)*
Elsässer Salat / salad [in the] Alsatian style
Elsiesalat / Elsie salad
Emmasalat / Emma salad
Emmentaler / Emment[h]al [cheese]
Empfehlung / →Küchenchef...
en papillote (in der Papierhülle) / baked in paper; (in der Aluminiumfolie) / baked in aluminium foil (GB), ...aluminum... (US)
Endivie (glatte Endivie, Eskariol, Batavia) / broad-leaved endive, batavian endive, escarole; (krause Endivie, Frisée) / curled endive, curly endive, frisée →Chicorée
Endiviensalat / endive salad; frisée salad →Endivie
Engelwurz / →Angelika
englisch (gebraten) / →Garstufen
englische Art / [in the] English style, à l'anglaise
englische Butter / English butter
englische Creme / custard
entbeint / boned, boneless
Ente / duck
Ente, gefüllte / stuffed duck
Ente, junge / duckling
Ente in der Presse / pressed duck
Ente süß / sweet-and-sour duck
Entenbraten / roast duck
Entenbrust / breast of duck
Entenkeule / leg of duck
Entenklein / duck giblets
Entenleber / duck liver
Entenlebermousse / duck liver mousse
Entenpastete / duck pâté
Entenpfeffer / jugged duck
Ententerrine / terrine of duck
entgrätet / boned, boneless
entkoffeinierter Kaffee / decaffeinated coffee

entrahmte Milch / skimmed milk

Entrecôte / entrecôte *(boned rib steak)*

Entrecôte double / double entrecôte

Entrée, das *(Plur. ~s)* (warmes oder kaltes Zwischengericht vor dem Hauptgang oder zwischen dem Fleisch- und Fischgang) / entrée, entree *(hot or cold dish served before the main course or between fish and meat courses)*

Entremet, das *(Plur. ~s)* (Kleines Zwischengericht zwischen Hauptgang und Nachtisch. Es kann aber auch das Dessert selbst sein.) / entremet *(dish served after the main course before the dessert)*; dessert

entsteinte Kirsche / stoned cherry, pitted cherry *(Plur. ~ies)*

Enzian[schnaps] / gentian [brandy]

Epigramm / epigram

Epigramm vom Lamm / lamb epigram

Erbsen / peas

Erbsen, grüne / green peas

Erbseneintopf / thick pea soup

Erbsenpüree / pea pudding

Erbsenpüreesuppe / cream of pea soup

Erbsensalat / pea salad

Erbsenschote / pea pod

Erbsensuppe / pea soup

Erdapfel / →Kartoffel

Erdbeer Melba / strawberry Melba

Erdbeerbaumfrucht (Arbutus) / strawberry tree fruit

Erdbeerbecher / strawberry coupe

Erdbeercreme / strawberry cream

Erdbeere / strawberry *(Plur. ~ies)*

Erdbeereis / strawberry ice-cream

Erdbeeren mit Sahne / strawberries with cream

Erdbeerkuchen / strawberry gâteau

Erdbeermarmelade / strawberry jam

Erdbeerparfait / strawberry parfait

Erdbeersauce / strawberry sauce

Erdbeersplit / strawberry split

Erdbeertorte / strawberry gâteau

Erdnuss / peanut

Erdnussbutter / peanut butter

Erdnusssauce / peanut sauce

Erdnusssuppe / peanut soup

Erfrischungsgetränk / soft drink

erlesene Speise / choice dish

erlesener Wein / noble wine

erster Gang / first course

Erzeugerabfüllung / estate bottled

Eskariol / →Endivie

Espresso / espresso
Esrom / Esrom [cheese] *(piquant Danish cheese with a softish texture)*
essbar / eatable, edible
Essenz / essence
Essenz von Ochsenschwanz / essence of oxtail
Essig / vinegar
Essigessenz / vinegar concentrate
Essiggemüse / →Mixed Pickles
Essiggürkchen / small gherkin(s)
Essiggurke / gherkin
Essighuhn / vinegar chicken
Esskastanien (Maronen) / [sweet] chestnuts
Esterházy / →Rostbraten Esterházy
Esterházy Rostéljos / →Rostbraten Esterházy
Estragon (Drachenkraut) / tarragon
Estragonbutter / tarragon butter
Estragonsauce / tarragon sauce
Eugeniesalat / Eugenia salad
Evasalat / Eve's salad
Excelsiorsalat / Excelsior salad
exotische Früchte / exotic fruit[s]
exotischer Fruchtsalat / exotic fruit salad
exotischer Salat / exotic salad
Exportbier / export beer *(pale bottom-fermented beer)*
Extraaufschlag / extra charge
Extrakt / extract
extraktreich (Weingeschmack) / rich in extract

F

Fächer von Melone / →gefächerte Melone
Fadennudeln / vermicelli *(Plur.)*
Fadennudelsuppe / vermicelli soup
falscher Hase / meatloaf, meat loaf *(Plur. loaves)*
Fancysalat / fancy salad
fangfrischer Fisch / catch of the day
Farbstoff / colouring [agent] (GB), coloring [agent] (US)
farci / stuffed
farcieren / to stuff
Farfalle / farfalle *(bow-tie and butterfly shaped pasta)*
Farfallini *(Plur.)* / farfallini *(Plur.) (small farfalle)*
Fasan / pheasant
Fasanenbrust / breast of pheasant
Fasanenkraftbrühe / pheasant consommé
Fasanenpastete / pheasant pâté
Fasanenterrine / terrine of pheasant
faschieren / to mince
Fass (Bierfass) / barrel; (kleines Bierfass) / keg; (zum Einlegen) / vat; (Wein) / cask
Fass, vom / →Bier vom Fass
Fassbier / →Bier vom Fass
Fasswein / wine from the wood
fast roh (Fleisch) / →Garstufen
Fastenspeise / meatless dish, Lenten dish
Fastensuppe / Lenten soup
Federweißer (Sauser, neuer Wein) / new wine *(partially fermented sweet, cloudy young wine)*
Federwild / game birds
Fehlrippe / →Entrecôte
Feige / fig
Feijoa / feijoa, Brazilian guava, pineapple guava
fein (Geschmack) / delicate; (erlesen) / choice, excellent; (Weingeschmack) / fine
feine Erbsen / choice peas
feine Fischsuppe / delicate fish soup
fein gehackte Kräuter / fines herbes *(chopped herbs)*
fein gemischter Aufschnitt / delicate cold cuts
feines Gemüse / choice vegetables
Feingebäck / pastry
Feinschmecker / gourmet →Gourmand
Feinschmeckerart / [in the] gourmet style, à la gourmet
Feinschmeckerhappen / gourmet bites
Feinschmeckersalat / gourmet salad
Feinschmeckertoast / gourmet toast

Felchen / Lake Constance trout(s)
Felchenfilet / Lake Constance trout fillet
Felchenkaviar / Lake Constance trout caviar
Feldsalat (Ackersalat, Rapunzel) / lamb's lettuce, corn salad
Feldthymian / wild thyme
Fenchel / fennel
Fenchelcremesuppe / cream of fennel soup
Fenchel-Orangen-Salat / fennel and orange salad
Fenchelgemüse / fennel
Fenchelknolle / fennel
Fenchelsalat / fennel salad
Fenchelsauce / fennel sauce
Fenchelsuppe / fennel soup
Finesse (Wein) / finesse
Ferkel / →Spanferkel
fertig / ready
fest (Weingeschmack) / firm
Festbier / festival beer
Festtagssuppe / festive soup
Feta / feta [cheese]
Fett / fat;
(pflanzliches) / vegetable fat;
(tierisches) / animal fat
Fett, im schwimmenden... gebacken / deep-fried
fettarm / low-fat, lean
Fettgehalt / fat content
fetthaltig / fat containing
fettig / fatty
Fettuc[c]ine *(Plur.)* / fettuc[c]ine *(Plur.) (ribbon noodles)*
Feuerzangenbowle / red wine punch *(containing rum which is flamed off)*
feurig (Weinfarbe) / fiery;
(Weingeschmack) / warming;
(Sauce) / hot
feurige Sauce / hot sauce
Filet / fillet (GB), (US auch filet);
(Geflügel) / breast
Filet mignon / filet mignon *(small fillet of beef)*
Filetbraten / roasted fillet
Filetbraten Wellington / roasted fillet of beef Wellington
Filetgulasch Stroganow (auch ...Stroganoff) / beef fillet goulash Stroganoff *(beef stew in sour cream)*
filetieren / to fillet
Filetschnitte / fillet steak
Filetspieß / fillet kebab →Spieß
Filetspitze / fillet tip
Filetsteak / fillet steak
Filetsteak Café de Paris / fillet steak Café de Paris
Filetsteak mit Pfeffer / fillet steak with pepper
Filetsteak Prinzess / fillet steak princess
Filterkaffee / filter coffee (GB), drip coffee (US)
filtrieren / to filter
Finanzmannart / [in the] financier's style, à la financière
Finanzmannpastetchen / patty [in the] financier's style *(Plur. ~ies) (with goose liver stew)*

Finanzmannsauce / sauce financière *(Madeira sauce with truffles)*
Fines herbes / fines herbes *(herb mixture)*
Fingermöhre (Karotte) / carrot
Finkenwerder Scholle / plaice [in the] Finkenwerder style
Finte / →Alse
Fisch / fish →Fischgerichte
Fischauflauf / fish soufflé
Fischbrötchen / roll(s) with fish
Fischbrühe / fish broth
Fischbulette / →Fischfrikadelle
Fischcremesuppe / fish cream soup
Fischcroûton, der / fishball
Fischerfrühstück / fisherman's breakfast
Fischfilet / fish fillet
Fischfond / fish stock
Fischfrikadelle / fishcake
Fischfrikassee / fish fricassee
Fischfrittüre / mixed fried fish
Fischgerichte (Sammelbegriff) / fish
Fischglace / fish glaze
Fischgrillade / mixed grilled fish
Fischhackbraten / baked fish loaf *(Plur. loaves)*
Fischkartoffeln / boiled potatoes served with melted butter and parsley
Fischklöße / fish dumplings
Fischnavarin / navarin of fish
Fischpfanne / fish fry-up
Fischragout / fish ragout
Fischrisotto / fish risotto
Fischrogen / fish roe
Fischröllchen / fish roll(s)
Fischsalat / fish salad
Fischsauce / fish sauce
Fischspezialitäten / fish specialities (GB), ...specialties (US)
Fischspieß / fish kebab →Spieß
Fischstäbchen / fish finger(s) (GB), fish stick(s) (US)
Fischsud / fish stock
Fischsuppe / fish soup
Fischteller / assorted fish, seafood platter
Fischterrine / terrine of fish
Fischvorspeisen / hors d'oeuvres of fish
Fisolen / →Bohnen, grüne
Fjordlachs / fiord salmon
Fladenbrot / flat bread
Flädlesuppe / broth with pancake strips
flambé / flambé, flamed
Flambées / flamed dishes
flambiert / flambé *(a dish set aflame with alcohol)* →am Tisch flambiert
flambiert mit Rum / flamed in (or with) rum
flambierte Banane / banana flambé
flambierte Kirschen / cherry flambé
flämische Art / [in the] Flemish style, à la flamande *(with cabbage)*
flämische Karbonaden / Flemish stew

flämischer Salat / Flemish salad
Flammeri, der *(Plur. ~s) (kalte Süßspeise)* / flummery *(Plur. ~ies)*
Flammerisuppe / flummery soup
Flan / flan
Flasche / bottle
Flasche, aus der / out of the bottle
Flasche Bier / bottle of beer
Flasche Wein / bottle of wine
Flaschenbier / bottled beer
Flaschenwein / bottled wine
Fleisch / meat →Fleischgerichte
fleischarm / containing little meat
Fleischbällchen / small meatball(s)
Fleischbrühe / broth, bouillon; consommé →Suppe; (Fond) / →Fond
Fleischeinlage / meat
Fleischeintopf / meat stew
Fleischfarce / forcemeat
Fleischfüllung / stuffed with meat
Fleischgericht / meat dish
Fleischgerichte (als Sammelbegriff) / meat
Fleischglace / →Glace
Fleischkäse / meatloaf, meat loaf *(Plur. loaves)*
Fleischkloß / meatball
Fleischklößchen / meatball(s)
Fleischklößchensuppe / meatball soup
Fleischknödel / meat dumpling(s)
fleischlos / meatless
Fleischpastete / meat pâté
Fleischpflanzerl / meatball
Fleischplatte / assorted meat
Fleischsaft / juice of meat; (Bratensauce) / gravy
Fleischsalat / diced meat salad with mayonnaise, meat salad
Fleischschnitte / slice of meat
Fleischspieß / meat kebab →Spieß
Fleischtomate / beef tomato *(Plur. ~es)*
Fleischvogel / beef olive
Fleischwurst / luncheon sausage, pork sausage
Fleuron, der / fleuron *(puff pastry crescent)*
Flieder... / →Holunder...
Fliedertee / elderflower tea
Flip / flip *(sweetened mixed drink)*
Flocke / flake *(z.B. "oat flakes")*
Florentiner, der / florentine(s) *(biscuit)*
Florentiner Art / [in the] Florentine style, à la florentine *(with spinach)*
Floridasalat / Florida salad *(banana and fruit salad)*
Flügel / wing, winglet
Flugente / domestic duck
Flunder / flounder
Flussbarsch / river perch
Flussschifferart / à la batelière, [in the] boatman's style
Folie / →Aluminiumfolie

Folienkartoffel *(Plur. ~n)* (gebackene Kartoffel, Ofenkartoffel) / baked potato *(Plur. ~es)*
Fond (Fleischfond) / meat juice, juice from the meat, meat stock
Fondant, der (Schmelzglasur) / icing;
(gefüllter Bonbon) / fondant;
(Fleisch-, Geflügelfondant) / →Schmelzkroketten
Fondantkartoffeln / →Schmelzkartoffeln
Fondue (Käse) / Swiss fondu[e]
Forelle / trout
Forelle blau / trout au bleu
Forelle gebacken / fried trout
Forelle mit Mandeln / trout amandine
Forelle nach/auf Müllerinart / trout meunière *(trout with butter and lemon)*
Forelle schöne Müllerin / trout belle meunière
Forellenauflauf / trout soufflé
Forellencremesuppe / cream of trout soup
Forellenfilet / trout fillet
Forellenkaviar / trout caviar
Förster[in]art / [in the] forester's style, à la forestière *(with mushrooms)*
Foyotsauce / foyot sauce *(béarnaise sauce with meat glaze)*
Francillonsalat / Francillon salad *(potatoes, mussels and truffles)*
Frankenwein / Franconian wine
Frankfurter Kranz / →Kranzkuchen
Frankfurter [Würstchen] / frankfurter sausage(s), frankfurter(s)
fränkische Art / [in the] Franconian style
fränkische Butterplätzchen / Franconian rich biscuit(s)
französisch / French
französische Art / à la française, [in the] French style
französische Küche / French cuisine
französische Sahnesauce / French cream sauce
französische Salatsauce / French dressing
französische Zwiebelsuppe / French onion soup
französischer Käse / French cheese
Frappé *(Plur. ~s)* (Eisgetränk; Dessert aus Früchten mit Eis) / frappé *(Plur. ~s) (drink made of some beverage poured over crushed ice; dessert made of partly frozen juice, fruit, etc.)*
Freilandgemüse / outdoor vegetables
Freilandrinder / free-range cattle
French Dressing / French dressing
Frikadelle / meatball
Frikandeau (Kalb) / fricandeau of veal
Frikassee / fricassee

Frikassee vom Huhn / chicken fricassee
frisch / fresh;
(Wein) / lively
frisch aus der Schale (Muschel) / served from the shell
frisch gebrühter Kaffee / →frisch zubereiteter Kaffee
frisch gefangen / freshly caught
frisch gefangener Fisch / catch of the day
frisch gemacht / →frisch zubereitet
frisch gemahlener Kaffee / freshly ground coffee
frisch gepresster Orangensaft / freshly pressed/squeezed orange juice
frisch geräucherte Gänsebrust / freshly smoked breast of goose
frisch zubereitet (Speise) freshly prepared, freshly cooked
frisch zubereiteter Kaffee / freshly brewed coffee
frische Nudeln / fresh noodles
frischer Obstsalat / →Salat aus frischen Früchten
frischer Salat / →knackiger Salat
frisches Brot / fresh bread
frisches Obst / fresh fruit
Frischkäse / cream cheese
Frischkornmüsli / fresh cereal muesli
Frischkost / →Rohkost
Frischling / young wild boar
Frischlingsrücken / saddle of young wild boar
Frisée / →Endivie
Fritot / fritot *(z.B. "fritots of chicken giblets")*
Frittatensuppe / consommé Célestine *(clear soup with sliced pancake)*
frittieren (im schwimmenden Fett backen) / to deep-fry
frittierte Eier / deep-fried eggs
Froschschenkel / frog leg(s)
Frou-Frou-Salat / frou-frou salad
Frucht / fruit *(Plur. "fruit" oder "fruits")*

Frucht... */ →auch Obst...*

Frucht nach Jahreszeit / fruit in season
Fruchtcreme / fruit cream
Früchte / fruit[s]
Früchtebecher / →Fruchteisbecher
Früchtebrot / fruit bread
Fruchteis / fruit ice-cream
Fruchteisbecher / fruit sundae
Früchtecocktail / fruit cocktail
Früchtecoulis / fruit coulis
Früchtekorb / fruit basket
Früchtekuchen / fruit cake
Früchtemousse / fruit mousse
Früchtequark / fruit curds pudding
Früchtesuppe / fruit soup
Früchtetee / fruit tea
Fruchtfleisch / flesh

fruchtig / fruity; (Weingeschmack) / fruity
Fruchtjog[h]urt / fruit joghurt
Fruchtjog[h]urtcreme / fruit joghurt cream
Fruchtkaltschale / chilled fruit soup
Fruchtmark / fruit pulp, fruit sauce
Fruchtnektar / nectar (*thick sweetened fruit juice)*
Fruchtrolle / fruit roll
Fruchtsaft / fruit juice
Fruchtsalat / fruit salad
Fruchtsauce / fruit sauce
Fruchtschnitte / fruit slice
Fruchtsorbet / fruit sorbet →Sorbet
Fruchttorte / fruit tart
Frühgemüse / early vegetables
Frühkartoffeln / new potatoes, early potatoes
Frühlingsart / [in the] spring style, à la printanière *(with young vegetables)*
Frühlingsgemüse / spring vegetables
Frühlingsküken / spring chicken
Frühlingsrolle / spring roll
Frühlingssalat / springtime salad
Frühlingssuppe / spring vegetable soup
Frühlingszwiebel *(Plur. ~n)* / (Lauchzwiebel) / spring onion
Frühobst / early fruit[s]
Frühschoppen / morning drink of beer (or wine)
Frühstück / breakfast; (großes) / large breakfast; (kleines) / small breakfast; (zweites) / midmorning snack
Frühstücksbüfett / breakfast buffet →Büfett
Frühstücksfleisch / luncheon meat
Frühstücksspeck / bacon
Füllhorn / horn of plenty
Füllung / stuffing, filling
Fünf-Gänge-Menü / five-course meal
Fünfminutenei / medium-boiled egg
Fünfminutengulasch / five-minute goulash
fünfter Gang / fifth course
für Kinder / for children →Kindergerichte →Kindermenü
Fürst-Pückler-Eis / Fürst Pückler ice-cream
Fusilli *(Plur.)* / fusilli *(Plur.) (corkscrew noodles)*

G

Gabel / fork
Gabelfrühstück / brunch, late breakfast, fork breakfast
Gabelrollmops / →Rollmops
Gaisburger Marsch / Gaisburger meat and vegetable stew
Galadiner (abends) / gala dinner, formal dinner
Galantine / galantine *(z.B. "turkey galantine" oder "galantine of turkey") (roll made from boned meat or poultry with a minced meat filling)*
Galiamelone / Galia melon
Gamba / →Hummerkrabbe →Krabbe
Gams / →Gämse
Gämsbock (oder Gamsbock) / chamois buck
Gämse / chamois
Gämsenbraten / roast chamois
Gämsrücken / saddle of chamois
Gang / course; (3-Gängemenü) / three-course meal
Gans / goose
Gans, junge / green goose
Gänsebraten / roast goose
Gänsebrust / breast of goose
Gänsehals / goose neck
Gänsehals, gefüllt / stuffed goose neck
Gänsekeule / leg of goose
Gänseklein / goose giblets
Gänsekraut / →Beifuß
Gänseleber / goose liver
Gänseleberauflauf / goose liver soufflé
Gänseleberparfait / goose liver parfait
Gänseleberpastete / goose liver pâté
Gänseleberterrine / terrine of goose liver
Gänseleberwurst / goose liver sausage
Gänsepfeffer / jugged goose
Gänseragout / ragout of goose
Gänseschmalz / goose dripping
Gänseschwarzsauer / goose giblets thickened with goose blood
Gänsestopfleber / enlarged goose liver
Gänseweißsauer / jellied goose giblets
ganz (im Stück) / in one piece; (im Ganzen gebraten) / roasted in one piece
ganzer Pfeffer / whole pepper
garen / to cook
Garibaldisalat / Garibaldi salad
Garnele / shrimp →Krabbe
Garnelenbutter / shrimp butter
Garnelencocktail / shrimp cocktail
Garnelensalat / shrimp salad

Garnelensauce / shrimp sauce
garnieren / to garnish
garniert mit Salat / with salad garnish, garnished with salad
Garnierung / →Garnitur
Garnitur / garnish
Garnituren / →"Zubereitungsarten und Garnituren", Seiten 11-14
Garstufen beim Braten von Fleisch
blau (braune, dünne Kruste und innen noch fast roh) / very rare, blue *(nicht "raw")*
blutig bis rosa (außen knusprig braun und innen rosa mit blutigem Kern) / rare
rosa oder englisch (innen durchgehend rosa) / rare to medium, medium rare (GB), underdone (US)
halb durchgebraten oder medium (nur der Kern ist noch rosa) / medium
durchgebraten (innen nicht mehr rosa) / well-done
Gartenkresse / garden cress
Gartenraute / →Weinraute
Gartensalat / garden salad
Gartenthymian / →Thymian
Gärtnerinart / [in the] gardener's style, à la jardinière, *(with mixed vegetables)*
Gärtnerinsuppe / vegetable soup [in the] gardener's style
Gastronomenart / à la gastronome, [in the] gastronomer's style
Gaumenfreude / culinary delight
Gazpacho / gazpacho *(Spanish soup served cold)*
Gebäck (Kuchen) / cake; (Backwerk) / pastries; (Kekse) / →Kekse
gebacken (im Ofen) / baked; (in der Pfanne) / fried; (frittiert) / deep-fried →gebraten
gebackene Bohnen / baked beans
gebackene Eier / →Spiegeleier
gebackene Kartoffel *(Plur. ~n)* (Ofenkartoffel) / baked potato *(Plur. ~es)*
gebackene Petersilie / baked parsley
gebackener Apfel / baked apple
gebackener Camembert / baked camembert
gebeizt (mariniert) / marinated
gebeizter Lachs / marinated salmon
gebraten (im Ofen mit Fett) / roasted; (im Ofen ohne Fett) / baked; (in der Pfanne) / fried; (auf dem Rost) / grilled →gebacken
gebraten in Butter / fried in butter
gebratene Ente / roast duck
gebratene Gans / roast goose
gebratener Apfel / baked apple
gebräunte Griessuppe / browned semolina soup

gebunden (Suppe, Sauce) / thickened
gebundene Lauchsuppe / thickened leek soup
gebundene Suppe / thick soup →Suppe
Geburtstagskuchen / birthday cake
gebuttert / buttered
gedämpft / steamed
gedämpfte Kartoffeln / steamed potatoes
Gedeck (Tischgedeck) / place setting, cover; (Menü) / fixed price meal, set menu, set meal
gedünstet / stewed
gedünstete Forelle / stewed trout
gedünstete Gurke / stewed cucumber
geeist / iced
gefächerte Melone / fanned melon
gefällig (Weingeschmack) / pleasing
Geflügel / poultry →Geflügelgerichte
Geflügelbratwurst / fried chicken sausage; grilled chicken sausage →gebraten
Geflügelbrühe / chicken broth
Geflügelbrust / breast of chicken
Geflügelcremesuppe / cream of chicken soup
Geflügelfond / chicken stock
Geflügelfrikassee / chicken fricassee
Geflügelgalantine / chicken galantine, galantine of chicken
Geflügelgerichte (Sammelbegriff) / poultry
Geflügelgeschnetzeltes / sliced chicken
Geflügelklein / giblets
Geflügelkotelett / chicken cutlet
Geflügelkraftbrühe / chicken consommé
Geflügelkroketten / chicken croquettes
Geflügelleber / chicken liver
Geflügelpastetchen / →Königinpastetchen
Geflügelpastete / chicken pâté
Geflügelpiccata / chicken piccata →Piccata
Geflügelpilaw (→Pilaw) / chicken pilaf[f]
Geflügelragout / chicken ragout
Geflügelröllchen / chicken olive(s)
Geflügelsalat / chicken salad
Geflügelterrine / terrine of chicken
Gefrorenes (Eis) / ice-cream
gefrorenes Getränk / →Sorbet
gefüllt / filled, stuffed
gefüllte Eier / filled eggs
gefüllte Gans / stuffed goose
gefüllte Gurken / stuffed cucumbers
gefüllte halbe Eier / filled egg halves
gefüllte Kalbsbrust / stuffed breast of veal

gefüllte Kartoffeln / stuffed potatoes
gefüllte Oliven / stuffed olives
gefüllte Paprikaschoten / peppers stuffed with minced meat
gefüllte Tomate / stuffed tomato *(Plur. ~es)*
gefüllte Zwiebeln / stuffed onions
gefüllter Rinderbraten / stuffed roast of beef
gegart / cooked
gegrillt / grilled
gegrillte Tomate / grilled tomato *(Plur. ~es)*
gegrilltes Lammkotelett / grilled lamb chop
gehackt (Fleisch) / minced (GB), chopped (US)
gehackte Mandeln / chopped almonds
gehacktes Kalbssteak / minced veal steak →gehackt
Gehacktes / minced meat (GB), chopped meat (US)
Geheimrezept, unser / our own secret recipe
Gehirn / brains
Geißelgarnele / →Hummerkrabbe
gekocht (allg) / cooked; (in Wasser) / boiled
gekochte Kartoffeln / boiled potatoes
gekochte Rinderzunge / boiled beef tongue
gekochter Schinken / boiled ham
gekochtes Ei / boiled egg
gekochtes Rindfleisch / boiled beef
gekräutert / with herbs
Gelatine / gelatin[e]
gelbe Rübe (Karotte) / carrot
gelber Paprika / →Paprika, gelb
Gelbwurz / →Kurkuma
Gelee / jelly
gemischt / mixed; (sortiert) / assorted
gemischte Vorspeisen / assorted hors d'oeuvres
gemischter Blattsalat / mixed green salad
gemischter Salat / mixed salad
gemischtes Eis / assorted ice-cream, mixed ice-cream
gemischtes Gemüse / mixed vegetables
gemischtes Kompott / stewed fruit[s]
gemischtes Obst / assorted fruit[s]
Gemse / →Gämse
Gemüse / vegetables; (ein Gemüse) / a vegetable
Gemüse der Jahreszeit / vegetables in season
Gemüse der Saison / →Gemüse der Jahreszeit
Gemüseartischocke / →Cardy
Gemüseaspik / vegetable aspic
Gemüsebeilage / [served] with vegetables
Gemüsebratling / fried vegetable ball

Gemüsebrühe / vegetable broth
Gemüsecremesuppe / cream of vegetable soup
Gemüseeinlage / garnished with vegetables
Gemüseeintopf / vegetable stew
Gemüseeintopf mit Rindfleisch / vegetable stew with beef
Gemüsefenchel / →Fenchel
Gemüsefond / vegetable stock
Gemüsegratin / vegetables au gratin
Gemüsehacksteak / vegetable steak
Gemüsekrapfen / vegetable fritter(s)
Gemüsekroketten / vegetable croquettes
Gemüsekrusteln / gratinated vegetables
Gemüsekürbis / marrow
Gemüsemaultaschen / Swabian vegetable ravioli *(Plur.)*
Gemüsenudeln / vegetable noodles
Gemüsepaprika / →Paprika
Gemüseperlen / vegetable pearls
Gemüseplatte / assorted vegetables
Gemüseporree / →Porree
Gemüsepüree / vegetable purée
Gemüsereis / vegetable rice
Gemüsesaft / vegetable juice
Gemüsesalat / vegetable salad
Gemüsestreifen / vegetable strip(s)
Gemüsestrudel / vegetable strudel
Gemüsesud / →Gemüsefond
Gemüsesuppe / vegetable soup
Gemüseteller / assorted vegetables
Gemüseterrine / terrine of vegetables
Gemüsewürfel / diced vegetables
Genever / →Wacholderbranntwein
Genfer Art / [in the] Geneva style, à la genevoise
Genfer Sauce / Geneva sauce *(fish stock with red wine)*
Genueser Art / à la génoise, [in the] Genoese style
Genueser Sauce / Genoese sauce
Georgettesalat / Georgette salad
georgische Art / [in the] Georgian style, à la géorgienne
gepfeffert / peppered, seasoned with pepper
gepökelt (Fleisch, Fisch) / pickled, salted
gepökeltes Eisbein / pickled knuckle of pork
gepökeltes Rindfleisch / pickled beef
geraspelt / grated
geräuchert / smoked *(z.B. "oak smoked", "juniper smoked")*
geräucherter Aal / smoked eel
geräucherter Schinken / gammon
Gericht / dish, meal
geriebener Käse / grated cheese
Germ / yeast

Germinysuppe / Germiny soup *(sorrel soup)*
Germknödel / yeast dumpling(s)
gerollt / rolled
geröstet (Fleisch, Kaffee) / roasted;
(Brot) / toasted
Geröstete (Kartoffeln) / →Röstkartoffeln
geröstete Grießsuppe / →gebräunte Grießsuppe
geröstete Kartoffeln / →Röstkartoffeln
geröstete Kastanien / roast chestnuts
geröstetes Brot / toast
Gerste / barley
Gerstengraupen / pearl barley
Gerstensaft / beer
Gerstensuppe / barley soup
gesalzen / salted
gesalzene Butter / salted butter
geschabt (Fleisch) / finely chopped;
(Käse, Gemüse) / grated
geschält / peeled
geschälte Tomate / peeled tomato *(Plur. ~es)*
geschlagene Bratwurst / skinned sausage
Geschmack / taste;
(Aroma, Eissorten) / flavour (GB), flavor (US) *(z.B. "in six new flavours")*
geschmacklich / as regards taste
Geschmacksrichtung / taste;
(Eiscreme) / flavour
geschmelzt / glazed
geschmort / braised, stewed
geschmorte Rinderbrust / braised breast of beef
geschnetzelt / chopped
Geschnetzeltes / sliced meat
geschrotet / ground
geschwenkt (sautiert) / sautéed
geschwenkt in Butter / sautéed in butter
Geselchtes / salted and smoked meat
gesotten / boiled
gespickt / larded
gespickter Hirsch / larded venison
gespicktes Rinderfilet / larded fillet of beef
gespritzter Wein / →Weinschorle
gestürzte Eier / moulded eggs (GB), molded... (US)
gesülzt / jellied
gesund / wholesome;
(Weingeschmack) / sound
gesunde Kost / wholesome food
gesüßt / sweetened
Getränk / drink, beverage
Getreide / cereal(s)
Getreideflocken / cereals
Getreidefrischkost / fresh cereals
getrüffelt / truffled
gewürfelt / diced
Gewürz / spice
Gewürzgurke / gherkin, pickle
Gewürzgurkenstreifen / sticks of pickles
Gewürzkuchen / spice cake

Gewürznelke / clove
gewürzt / spiced, seasoned
gezuckert / sugared, sweetened
Gin / gin
Ginger-Ale / ginger ale
Glace (Fleischglace) / glaze, glace de viande;
glaciert / →glasieren
glanzhell (Wein) / brilliant
Glas / glass
Glas Milch / glass of milk
glasieren / to glaze *(z.B. "glazed with butter sauce")*; (Gebäck) / to ice
Glasnudeln / Chinese noodles
Glasur (Fleischglace) / →Fleischglace; (Zuckerguss) / icing (GB), frosting (US)
glatt (Weingeschmack) / smooth
glattblättrige Petersilie / flat-leaved parsley
Glattbutt (Goldbutt) / brill
Gloucestersauce / Gloucester sauce *(mayonnaise with fennel)*
Glühwein / mulled wine
Glutamat / glutamate
Gnocchi *(Plur.) Nocken)* / gnocchi *(Plur.) (dumplings served with a sauce)*
Godardsauce / Godard sauce *(ham sauce)*
Goldbarsch / rosefish
Goldbarschfilet / rosefish fillet
Goldbeere / →Kapstachelbeere
Goldbrasse / gilthead bream
Goldbutt / →Glattbutt
goldgelb (Wein) / golden yellow
goldgelb gebacken / fried golden yellow →gebacken
Gombo / →Okra
Gorgonzola / Gorgonzola
Gorgonzolasauce / Gorgonzola sauce
Götterspeise / fruit jelly
Gouda / Gouda [cheese]
Goulasch / →Gulasch
Gourmand / gourmand *(ein "gourmand" ist ein Schlemmer/Vielesser, nicht zu verwechseln mit dem "gourmet", dem Feinschmecker)*
Gourmet (Feinschmecker) / gourmet →Gourmand
Gourmetteller / gourmet platter
Graciasalat / Gracia salad *(lettuce with celery and peppers)*
Gräfinart / à la comtesse, [in the] countess style
Gräfinsalat / countess salad
Grahambrot / Graham bread *(wholewheat bread)*
Granat / →Krabbe
Granatapfel / pomegranate
Granatapfelsauce / pomegranate sauce
Grand Marnier ™ / Grand Marnier
Granita / granita *(frozen sugar syrup)*
Grapefruit / grapefruit
Grappa (Tresterbranntwein) / grappa
Gräte / fish bone, fishbone
Gräten, ohne / boneless

Gratin / gratin dish
gratinieren / to brown, to gratinate *(to sprinkle with breadcrumbs and/or cheese and brown)*
gratiniert / au gratin, browned, gratinated
gratinierte Eier / poached eggs au gratin
gratinierte Kartoffeln / gratinated potatoes
Gratinkartoffeln / →gratinierte Kartoffeln
Graubrot / mixed-grain bread
Graupen / pearl barley
Graupensuppe / pearl barley soup
Graved Lachs / gravadlax *(Swedish marinated salmon)*
gravlax / →Graved Lachs
Grenadine, die / grenadine *(fruit syrup made from pomegranate juice)*
Grenadinenparfait / grenadine parfait
Grenadin / grenadin *(larded, thick slice of fillet of veal)*
Greyerzer / Gruyère [cheese]
Gribichesauce / gribiche sauce *(similar to mayonnaise)*
Grieben / crackling, greaves
Griebenschmalz / dripping with greaves
Griebenwurst / black pork sausage
griechische Art / [in the] Greek style, à la grecque
griechischer Hirtensalat / Greek shepherd's salad
griechischer Salat / Greek salad
Grieß / semolina
Grießauflauf / semolina soufflé
Grießbrei / semolina (GB), cream of wheat (US)
Grießflammeri / semolina flummery →Flammeri
Grießklößchen / semolina dumpling(s)
Grießnocken / →Grießklößchen
Grießnockensuppe / semolina dumpling soup
Grießpudding / semolina pudding
Grießschnitte / semolina slice
Grießsockel / bed of semolina
Grießsuppe / semolina soup
Grießzucker / caster sugar
Grill / grill
Grill, vom / grilled
Grilladen / grilled meat, mixed grill
grillen / to grill
Grillgemüse / grilled vegetables
Grillgericht / grilled dish
Grillhähnchen / grilled chicken
grilliert / grilled
Grillkartoffel *(Plur. ~n)* / grilled potato *(Plur. ~es)*
Grillspezialitäten / grilled specialities (GB), ...specialties (US)
Grillsteak / grilled steak, barbecue steak
Grillteller / mixed grill
Grilltomate / →gegrillte Tomate

Grillwürstchen / grilled sausage(s)
Grissini *(Plur.)* / grissini *(Plur.)* *(Italian bread sticks)*
grob / coarse
Grog / grog *(hot water with rum)*
Grönlandkrabbe / Greenland shrimp →Krabbe
groß (Wein) / distinguished, great
große Bohnen / →Saubohnen
große Portion / generous portion
große Sapote / →Sapote
großes Frühstück / →Frühstück
Großgarnele / →Riesengarnele →Krabbe
Großherzogsart / [in the] grand duke's style, à la grand-duc
Großmuttersart / à la grand'mère, [in the] grandmother's style
Gründling / gudgeon
grüne Bohnen / →Bohnen, grüne
grüne Butter / green butter
grüne Erbsen / green peas
grüne Feigen / green figs
grüne Grütze / green fruit jelly
grüne Gurke / →Salatgurke
grüne Mayonnaise / green mayonnaise
grüne Nudeln / →Spinatnudeln
grüne Olive / green olive
grüne Pfeffersauce / green pepper[corn] sauce
grüne Sauce / sauce verte, green sauce
grüne saure Bohnen / sour green beans
grüne Tomate / green tomato
grüner Aal / boiled eel *(served with parsley sauce)*
grüner Hering / fresh herring
grüner Paprika / →Paprika, grün
grüner Pfeffer / green pepper
grüner Salat / green salad
grüner Spargel / green asparagus
grüner Tee / green tea
Grünkern... / →Dinkel...
Grünknochen / →Hornhecht
Grünkohl / [curly] kale
Grünkohl nach Bremer Art / [curly] kale with groats sausage
grünlich gelb (Wein) / pale yellow-green
Grütze / groats
Grützwurst / groats sausage
Gruyère / →Greyerzer
Guajave / →Guave
Guava / →Guave
Guave (Guajave, Guava, Guayaba) / guava
Guayaba / →Guave
Gugelhupf (Kugelhupf) / gugelhupf *(moulded cake usually filled with raisins and almonds)*
Guineapfeffer / →Cayenne-pfeffer
Gulasch / goulash
Gulaschsuppe / goulash soup

Gurke (Salatgurke) / cucumber; (Essiggurke) / gherkin
Gurkenkaltschale / cold cucumber soup
Gurkenkraut / →Borretsch
Gurkenrahmsuppe / cream of gherkin soup
Gurkensalat / cucumber salad
Gurkensauce / cucumber sauce
Gurkensuppe / cucumber soup
Gurken-Tomatensalat / tomato and cucumber salad
Gusspfanne / cast-iron frying pan
gutbürgerliche Küche / good plain cooking
gut durch[gebraten] / →Garstufen
gute Butter / real butter
guten Appetit / bon appétit, enjoy your meal *(nicht "good appetite")*
Gutsleberwurst / mild-flavored, coarse-textured liver sausage (GB), ...flavoured... (US)
Gyros / gyros

H

Hachse / knuckles
Hack / →Hackfleisch →Tatar →Mett →Beefhack →Hackepeter
Hackbraten / meatloaf, meat loaf *(Plur. loaves)*
Hackepeter / minced meat *(eaten raw)*
Häckerle / chopped herring [in the] Silesian style
Hackfleisch / minced meat (GB), hamburger meat (US)
Hackfleischsauce / →Bologneser Sauce
Hacksteak / hamburger steak
Hafer / oats
Haferbrei / oatmeal porridge
Haferflocken / oat flakes
Hafergrütze / →Haferbrei
Hafermehl / oatmeal
Haferschleimsuppe / oatmeal soup
Haferwurzel (Weißwurzel) / white salsify *(Plur. ~ies)*
Hagebutte / rose-hip
Hagebuttensahne / [rose-]hip cream
Hagebuttensauce / [rose-]hip sauce
Hagebuttentee / [rose-]hip tea
Hagelzucker / hailstone sugar
Hahn / cock, rooster
Hahn, junger / coçkerel
Hähnchen / spring chicken
Hähnchenbrust / breast of chicken
Hähnchenbrustfilet / breast of chicken fillet
Hähnchenkeule / leg of chicken
Hähnchennuggets / chicken nuggets
Hähnchenschenkel / →Hähnchenkeule
Hähnchenschlegel / →Hähnchenkeule
Hähnchentopf, geschmort / braised chicken
Hahnenkamm / cockscomb
Hai[fisch] / shark
Haifischflossensuppe / shark fin soup
Haifischsteak / shark steak
halb / half
halb durch[gebraten] / →Garstufen
halb roh (Fleisch) / →Garstufen
halbe Flasche / half bottle
halbe Portion / half portion
halbe Poularde / half poulard[e] →Poularde
halber Hahn / →Halver Hahn
halbes Hähnchen / half chicken
halbes Dutzend / half-a-dozen, six
Halbgefrorenes / parfait *(z.B. "raspberry parfait")*
halbsüß (Sherry) / medium-sweet
halbtrocken (Wein) / medium-dry

Hälfte / half *(Plur. halves)*
Hallimasch / honey agaric, honey mushroom
Halver Hahn (halber Hahn) / open cheese roll *(served with mustard)*
Hamburger / hamburger
Hamburger Aalsuppe / eel soup [in the] Hamburg style
Hamburger Fischsuppe / fish soup [in the] Hamburg style
Hamburger Plockfinken / carrot and meat stew [in the] Hamburg style
Hamburger Rauchfleisch / smoked meat [in the] Hamburg style
Hamburger Stubenküken / spring chicken [in the] Hamburg style
Hamiltonsauce / Hamilton sauce
Hammel / ram; (Fleisch) / mutton
Hammelbraten / roast mutton
Hammelfilet / mutton fillet
Hammelfleisch / mutton
Hammelfleischsuppe / mutton soup
Hammelkeule / leg of mutton
Hammelkotelett / mutton chop
Hammelnüsschen / →Hammelsteak
Hammelpilaw (→Pilaw) / mutton pilaf[f]
Hammelragout / mutton stew
Hammelrippchen / →Hammelkotelett
Hammelrücken / saddle of mutton
Hammelschulter / shoulder of mutton
Hammelsteak / mutton steak
Hammelwurst / mutton sausage
Handkäse / hand-moulded cheese (GB), ...molded... (US)
Handkäse mit Musik / hand-moulded cheese with onion and vinegar garnish (GB), ...molded... (US)
Harlekinsoufflé (auch ...soufflee) / harlequin soufflé
harmonisch (Weingeschmack) / harmonic, well-balanced
hart (Käse) / hard
hart gekochtes Ei / hard-boiled egg (GB), ...cooked... (US)
Hartkäse / hard cheese
Hartweizengrieß / semolina
Hartweizengrießnudeln / semolina noodles
Hartwurst / dry sausage
Harzer Käse / Harz mountains cheese
Has im Topf / →Tippe Haas
Haschee / hash
Hase / hare
Hase, junger / leveret
Haselhuhn / hazelhen
Haselnuss / hazelnut
Haselnusscreme / hazelnut cream
Haselnusseis / hazelnut ice-cream
Haselnussparfait / hazelnut parfait

Haselnussrahm / hazelnut cream
Haselnusstorte / hazelnut gâteau
Hasenbraten / roast hare
Hasenfilet / fillet of hare
Hasenkeule / leg of hare
Hasenklein / →Hasenpfeffer
Hasenpastete / hare pâté
Hasenpfeffer / jugged hare
Hasenragout / hare ragout
Hasenrücken / saddle of hare
hauchdünn geschnitten / wafer-thin sliced
hauchdünn geschnittener Schinken / wafer-thin slices of ham
hauchdünn schneiden / to cut into wafer-thin slices
Hauptgericht / main course
Hauptmahlzeit / main meal
Hauptspeise / main course
Haus / →Salat des Hauses →Hauswein →Hausrezept →Art des Hauses
hauseigene Brombeeren / blackberries picked in our own garden
Hausfrauenart / [in the] housewife's style, home-made style, à la bonne femme *(cooked with mushrooms, potatoes and onions)*
Hausfrauensalat / salad bonne femme
hausgebackenes Brot / home-made bread
hausgebeizt / home-marinated
hausgemacht / home-made
hausgemachte Spätzle / home-made Swabian noodles
Haushofmeisterart / à la maître d'hôtel, [in the] master-of-the-house style
Haushofmeisterkartoffeln / potatoes à la maître d'hôtel, master-of-the-house potatoes
Haushofmeistersauce / sauce à la maître d'hôtel, master-of-the-house sauce
Hausmacherart / [in the] home-made style
Hausmachernudeln / home-made noodles
Hausmachersülze / home-made jellied meat
Hausmannskost / plain cooking
Hausmarke (bevorzugte Marke) / favourite brand (GB), favorite... (US);
(eigene Marke) / own brand
Hausmütterchenart / →Hausfrauenart
Hauspastete / house pâté
Hausrezept / recipe of the house, our own recipe
Haustrunk / drink of the house
Hauswein / house wine
Havarti / Havarti [cheese]
Haxe / knuckles
Hecht / pike;
(Seehecht) / hake
Hechtbarsch / →Zander
Hechtdorsch / →Seehecht
Hechtklößchen / pike ball(s)
Hechtpastete / pike pâté
Hefe / yeast
Hefekloß / yeast dumpling

Heidekartoffeln / moorland potatoes
Heidelbeere / →Blaubeere
Heidelbeergeist / blueberry brandy
Heidelbeertorte / blueberry gâteau
Heidesand / sand biscuit(s)
Heidschnucke / moorland sheep
Heidschnuckenkeule / leg of moorland sheep
Heilbutt / halibut
Heilbuttschnitte / halibut steak
Heilbuttsteak / →Heilbutt-schnitte
heimisch / local
heiß / hot
heiß räuchern / to hot-smoke
heiße Himbeeren / hot raspberries
heiße Schokolade / hot chocolate
heißer Stein / hot stone
hell (Wein) / bright
helle Sauce / white sauce
helles Bier / lager beer
Hendl / →Hähnchen
Henne / hen
Henriettesalat / Henriette salad
herb (Wein) / →trocken
Herbstsalat / autumn salad
Hering / herring
Heringsfilet / fillet of herring
Heringshai / →Kalbfisch
Heringskartoffeln / potatoes and layers of herring
Heringskönig / →Petersfisch
Heringssalat / herring salad
Heringstopf / pickled herrings
Herrenpilz / →Steinpilz
Herrentoast / steak sandwich
Herz / heart
herzhaft (Wein) / hearty; (kräftig) / rich
herzhaftes Gericht / hearty dish
Herzkotelett (Kalb) / prime veal cutlet
Herzmuschel / cockle
Herzoginart / à la duchesse, [in the] duchess style
Herzoginkartoffeln / duchess potatoes
Herzragout / heart ragout
Himbeercreme / raspberry cream
Himbeere / raspberry *(Plur. ~ies)*
Himbeereis / raspberry ice-cream
Himbeeressig / raspberry vinegar
Himbeerflammeri / raspberry flummery →Flammeri
Himbeergeist / raspberry brandy
Himbeerhalbgefrorenes / raspberry parfait
Himbeerkompott / raspberry compote
Himbeerkuchen / raspberry cake
Himbeermarmelade / raspberry jam
Himbeerroulade / raspberry roll
Himbeersauce / raspberry sauce

Himbeerschaum / raspberry mousse
Himbeersorbet / raspberry sorbet →Sorbet
Himbeer-Weinsauce / wine sauce with raspberry jelly
Himmel und Erde / heaven and earth *(mixture of mashed potatoes, apple, onions and bacon)*
Hindenburgsteak / Hindenburg steak
Hippe / →Hohlhippe
Hirn / brains
Hirnsuppe / brain soup
Hirsch (Rothirsch) / red deer; (männlicher Rothirsch) / stag; (Fleisch) / venison
Hirschbraten / roast venison
Hirschcarpaccio / venison carpaccio
Hirschkalb / deer calf *(Plur. calves)*
Hirschkalbskeule / leg of venison
Hirschkalbslende / loin of venison
Hirschkalbssteak / venison steak
Hirschkeule / leg of venison
Hirschmedaillon / venison medallion
Hirschpfeffer / jugged venison
Hirschragout / venison ragout
Hirschroulade / venison olive
Hirschrückensteak / saddle of venison
Hirschschinken / venison ham
Hirschsteak / venison steak
Hirschziemer / haunch of venison
Hirse / millet
Hirtengulasch / shepherd's goulash
Hirtensalat / shepherd's salad
Hirtenspieß / shepherd's kebab →Spieß
Hochrippe / →hohe Rippe
Hochzeitssuppe / wedding soup
Hochzeitstorte / wedding cake
Hofmeisterart / →Haushofmeisterart
hohe Rippe / prime rib(s) of beef
Hohlhippe / cornet
Hoisinsauce / →Pekingsauce
holländische Sauce / hollandaise sauce
holländischer Käse / Dutch cheese
Holsteiner... / ...[in the] Holstein style
Holsteiner Schnitzel / escalope Holstein *(breaded veal cutlet served with vegetables and topped with a fried egg)*
Holunderbeere / elderberry *(Plur. ~ies)*
Holunderbeersauce / elderberry sauce
Holunderbeersuppe / elderberry soup
Holundersauce / →Holunderbeersauce
Holundertee / elder tea
Holzfällersteak / lumberjack steak

Holzkohlengrill / char grill
Holzkohlengrill, vom / →vom Holzkohlengrill
Holzofen / wood-burning oven
Holzofenpizza / pizza baked in a wood-burning oven
Honig / honey
honigartig (Weingeschmack) / honey-sweet
Honigbutter / honey butter
Honigkuchen / honey cake
Honigmelone / honeydew melon
Honigmelonenbällchen / ball(s) of honeydew melon
Hopfen / hop
Hopfensprossen / hop shoots
Hopfensprossensalat / hop shoots salad
Hoppelpoppel / scrambled eggs with sliced sausages (or bacon)
Hörnchen / crescent roll(s), croissant(s)
Hornhecht (Grünknochen) / garpike
Hors d'oeuvre / →Vorspeise
Hotpot / hot pot
Hubertuspastetchen / patty St. Hubert, patties St. Hubert *(game patties)*
hübsch (Wein) / nice
Huchen (Donaulachs) / huck, Danube salmon
Hüfte / haunch
Huftsteak (Hüftsteak) / hip-bone steak
Huhn / chicken
Huhn, gebraten / roast chicken
Huhn, junges / pullet
Huhn Marengo / chicken Marengo →Marengo
Huhn vom Rost / grilled chicken
Hühnchen / chicken
Hühnerbein / →Hühnerkeule
Hühnerbrühe / chicken broth
Hühnerbrüstchen Maryland / breast of chicken Maryland *(with corn fritters and fried banana)*
Hühnerconsommé / →Hühnerkraftbrühe
Hühnercremesuppe / cream of chicken soup
Hühnercurry / chicken curry
Hühnerflügel / chicken winglet(s)
Hühnerfrikassee / chicken fricassee
Hühnerkeule / leg of chicken
Hühnerklein / chicken giblets
Hühnerkraftbrühe / chicken consommé
Hühnerleber / chicken liver
Hühnerpilaw (→Pilaw) / chicken pilaf[f]
Hühnersuppe / chicken soup
Hülsenfrüchte / pulses, peas and beans
Hummer / lobster →Kaisergranat →Languste →Krabbe
Hummer auf amerikanische Art / lobster [in the] American style
Hummerauflauf / lobster soufflé
Hummerbutter / lobster butter

Hummercocktail / lobster cocktail
Hummercremesuppe / cream of lobster soup
Hummerfleisch / lobster meat
Hummerkrabbe (Gamba, Geißelgarnele) / king prawn →Krabbe
Hummerkrabbenschwanz / king prawn tail
Hummermayonnaise / lobster mayonnaise
Hummermaultaschen / lobster ravioli *(Plur.)*
Hummermedaillon / lobster medallion
Hummersalat / lobster salad
Hummersauce / lobster sauce
Hummerschiffchen / lobster barquette(s), lobster boat(s)
Hummersuppe / lobster soup
Humpen / →Maß
Hunger / appetite; (auf etwas Hunger/Appetit haben) / to feel like eating something
Hunger, für den kleinen / →kleine Gerichte
Husarenart / à la hussarde, [in the] hussar style
Husarensauce / hussar sauce
Husarensteak / hussar steak
Hüttenkäse / cottage cheese
Hutzelbrot / fruit bread

I

***im...** / in, tossed in, coated with, basted with →im... →in... →überzogen mit...*

im Bierteig / in beer batter
im Brotteig / [baked] in pastry
im Ganzen gebraten / roasted in one piece →im Stück
im Käsemantel / in cheese
im Lehmofen gegrillt / grilled in the clay oven
im Netz / wrapped
im Ofen gebacken / [oven-]baked
im Ofen gebraten (mit Fett) / roasted;
(ohne Fett) / baked
im schwimmenden Fett gebacken / deep-fried
im Speckmantel / rolled in bacon, wrapped in bacon
im Stück / in one piece →im Ganzen gebraten
im Wirsingmantel / wrapped in savoy cabbage
Imbiss (Kleinigkeit zu essen) / snack, light bite

***in...** / →im... →in... →überzogen* mit...

in Aspik / jellied
in Blätterteig / in puff pastry
in Brotteig / →im Brotteig
in der Honigkruste / in honey crust
in der Kasserolle / casserole of... →Kasserolle
in der Mandelkruste / in almond crust
in der Papierhülle / →en papillote
in der Pfanne gebraten / fried
in der Schale gebacken (Kartoffeln) / baked in their jackets
in der Schale serviert (Muschel) / served in its shell
in der Serviette / in [a] napkin
in der Tasse / served in a cup, en tasse
in Ei gebraten / in egg glaze
in Eihülle / in egg
in Gelee / jellied
in Käsehülle / →im Käsemantel
in Käsesauce / in cheese sauce
in Kräuterkruste / crusted with herbs
in Muschelschalen / scalloped
in Rahmsauce / in cream sauce
in Sahne / in cream, à la crème
in Salbeikruste / crusted with sage
in Salzkruste / in salt crust
in Teigkruste / [baked] in pastry
in Weinsud / in wine
inbegriffen / included
indische Art / à l'indienne, [in the] Indian style *(with curry and rice)*

indische Sauce / curry sauce
Ingwer / ginger
Ingwerreis / ginger rice
Innereien / innards
internationale Küche / international cuisine
Irish coffee / Irish coffee *(whiskey with coffee and cream)*
Irish-Stew / Irish stew
Irmasalat / Irma salad
Isabellasalat / Isabelle salad
italienische Art / [in the] Italian style, à l'italienne
italienische Sauce / Italian sauce
italienischer Salat / Italian salad *(diced vegetables with mayonnaise)*

J

Jackfrucht (Brotfrucht, Nangka) / jackfruit
Jacquelinesuppe / Jaqueline soup
Jagdfasan / →Fasan
Jagdspieß / hunter's kebab →Spieß
Jagdwurst / smoked garlic sausage, hunter's sausage *(cold cut)*
Jägerart / [in the] hunter's style, à la chasseur *(sautéed with mushrooms)*
Jägerbraten / roast [in the] hunter's style
Jägereintopf / game stew
Jägermeistersauce / grand veneur sauce
Jägerpfanne / game fry-up
Jägerroulade / beef olive [in the] hunter's style
Jägersalat / hunter's salad
Jägersauce / sauce chasseur, hunter's sauce
Jägerschnitzel / escalope chasseur
Jägersuppe / game soup
Jahreszeit / season; (mit Gemüse nach...) / with vegetables in season
Jahrgang (Wein) / vintage [year]
Jahrgang 72 (72er Jahrgang) / 1972 vintage
Jahrgangschampagner / vintage champagne
Jahrgangssekt / vintage sparkling wine
Jahrgangswein / vintage wine
Jahrhundertwein / exceptional vintage wine
Jakobsmuschel (Pilgermuschel, Kammmuschel) / scallop
Jamaikapfeffer / →Piment
Jambolan / Java plum
japanische Aprikose / →Persimone
japanische Art / [in the] Japanese style, à la japonaise
japanische Artischocke / →Stachy
japanische Mispel / →Loquat
japanische Persimone / →Persimone
japanische Pflaume (Susine) / Japanese plum
Jeannettesalat / Jeanette salad
Jerez / sherry
Jerusalembohnen / →Mungbohnen
Jod / iodine
Jog[h]urt / yoghurt
Jog[h]urtcreme / yoghurt cream
Jog[h]urtdressing / yoghurt dressing
Jog[h]urteis / yoghurt ice-cream
Jog[h]urtsauce / yoghurt sauce
Jog[h]urttörtchen / yoghurt tartlet(s)
Johannisbeere / currant

Johannisbeere, rote / redcurrant
Johannisbeere, schwarze / blackcurrant
Johannisbeergelee / redcurrant jelly
Johannisbeermarmelade / redcurrant jam
Johannisbeersaft / redcurrant juice
Johannisbeersauce / redcurrant sauce
Johannisbeertorte / redcurrant gâteau
Johannisbrot / carob
John Dory / →Petersfisch
Judic / [à la] Judic *(with stuffed tomatoes, braised lettuce and potatoes)*
Jujube / jujube
Julienne / Julienne *(vegetables cut into strips)*
Juliennesuppe / vegetable soup
Jumbo... / jumbo...
junge Ente / duckling
junge Erbsen / spring peas
junge Gans / green goose
junge Taube / young pigeon
junger Hahn / cockerel
junger Hase / leveret
junger Ochse / bullock
junger Wein / young wine
junges Huhn / pullet
Jungfernbraten / roast pork with bacon
Jungschaf / young sheep
Jungschweinbraten / roast of young pig
Jungschweinfilet / fillet of young pig
Jungschweinerücken / saddle of young pig
Jungwein / →junger Wein
Jus / sauce, gravy

K

Kabeljau / cod[fish]
Kabeljaufilet / cod fillet
Kabinett (Wein) / Kabinett *(high-quality white wine)*
Kabinettpudding / cabinet pudding
Kabis / →Weißkohl
Kaffee / coffee
Kaffee Hag ™ / Hag coffee *(decaffeinated coffee)*
Kaffee mit Milch / milky coffee, coffee with milk, white coffee
Kaffee mit [Schlag]sahne / coffee with cream
Kaffee mit Schuss / coffee with [a splash of] brandy
Kaffee, schwarz / black coffee
Kaffeebohne / coffee bean
Kaffeekuchen / coffee cake
Kaffeelikör / coffee liqueur
Kaiserart / [in the] Emperor's style, à l'empereur
Kaiserfleisch / boiled pork
Kaisergranat, der *(Plur. ~e)* (hummerähnlicher Langschwanzkrebs: Kaiserhummer, Kaiserkrebs, Langustine, Tiefseehummer, Langostino; italienisch: Scampo) / Dublin Bay prawn, Norway lobster
Kaiserhummer / →Kaisergranat
Kaiserinart / [in the] Empress style, à l'impératrice
Kaiserkrebs / →Kaisergranat
kaiserliche Art / [in the] imperial style, à l'impériale
Kaiserschmarr[e]n / Emperor's pancake *(shredded pancake with raisins served with syrup)*
Kaiserschote / →Zuckerschote
Kakao / cocoa; (Getränk) / chocolate
Kaki / →Persimone
Kakipflaume / →Persimone
Kaktusfeige / prickly pear
Kalb (Tier) / calf *(Plur. calves);* (Fleisch) / veal

Kalb... */ →auch Kalbs...*

Kalbfisch (Heringshai) / porbeagle [shark]
Kalbfleisch / veal
Kalbfleischfrikadelle / veal ball
Kalbfleischgalantine / veal galantine, galantine of veal
Kalbfleischklöße / veal balls
Kalbfleischpastete / veal pâté
Kalbfleischröllchen / →Kalbsröllchen
Kalbfleischsalat / veal salad
Kalbfleischterrine / terrine of veal

Kalbs... */ →auch Kalb...*

Kalbsblankett, das *(Plur. ~s)* / veal blanquette

Kalbsbraten / roast veal
Kalbsbratwurst / fried veal sausage
Kalbsbries, das / [calves'] sweetbreads
Kalbsbrust / breast of veal
Kalbscurry / veal curry
Kalbsfilet / veal fillet
Kalbsfiletmedaillon / veal fillet medallion
Kalbsfrikadelle / veal ball
Kalbsfrikandeau / fricandeau of veal
Kalbsfrikassee / veal fricassee
Kalbsfüße / calf's feet
Kalbsgekröse / calves' pluck
Kalbsgeschnetzeltes / chopped veal
Kalbsgulasch / veal goulash
Kalbshacksteak / veal meatloaf, veal meat loaf *(Plur. loaves)*
Kalbshaxe / knuckle of veal
Kalbsherz / calf's heart
Kalbshirn / calf's brains
Kalbskarree / ribs of veal
Kalbskeule / leg of veal
Kalbskopf / calf's head
Kalbskotelett / veal cutlet
Kalbskotelett natur / sautéed veal cutlet
Kalbskutteln / calf's tripe
Kalbsleber / calves' liver
Kalbsleber, Berliner Art / calves' liver [in the] Berlin style *(with apples)*
Kalbsleberwurst / calves' liver sausage
Kalbslendchen / veal tournedos
Kalbsmedaillon / medallion of veal
Kalbsmilch / →Kalbsbries
Kalbsmilchpastete / [calves'] sweetbreads pâté
Kalbsniere / calf's kidney
Kalbsnierenbraten / roast loin of veal
Kalbsnuss / cushion of veal
Kalbsragout / veal ragout
Kalbsrahmragout / creamed veal ragout
Kalbsrippchen / →Kalbsrippe
Kalbsrippe / rib(s) of veal
Kalbsrippenstück / ribs of veal
Kalbsrollbraten / rolled roast veal
Kalbsröllchen (Kalbsvogel, Kalbsroulade) / veal olive
Kalbsrouladen / →Kalbs-röllchen
Kalbsrücken / saddle of veal
Kalbsrückensteak / saddle of veal steak
Kalbsschlegel / leg of veal
Kalbsschnitzel / escalope of veal
Kalbsschnitzel natur / sautéed escalope of veal
Kalbsschulter / shoulder of veal
Kalbsschwanzsuppe / calf's tail soup
Kalbsschweser / →Kalbsbries
Kalbssteak / veal steak
Kalbssteak Maryland / veal steak Maryland
Kalbsvögel / →Kalbsröllchen
Kalbszunge / calf's tongue

Kaldaunen / →Kutteln
kalifornischer Salat / Californian salad
Kalmar, der *(Plur. ~es)* / squid
kalorienarm / low-calorie
kalorienarmes Gericht / low-calorie dish
kalt / cold
kalt räuchern / to cold-smoke
kalte Bratenplatte / cold roast platter
kalte Kraftbrühe / cold consommé →Suppe
kalte Platte / cold cuts
kalte Süßspeise / cold sweet dish
kalte und warme Speisen / hot and cold dishes, hot and cold meals
kalter Braten / cold roast
kaltes Büfett / cold buffet →Büfett
kaltgepresst (Öl) / cold-pressed
Kaltschale / chilled fruit soup
Kamillentee / camomile tea
Kamm (Hammel, Rind) / neck; (Schwein) / sparerib
Kammmuschel / →Jakobsmuschel
Kamtschatkakrabbe / →Königskrabbe
Kamtschatkasalat / crab meat salad →Königskrabbe
Kanapee, das *(Plur. ~s)* / (Schnittchen) / canapé *(Plur. ~s)*
kandierte Früchte / candied fruit[s]
Kandis[zucker] / rock sugar
Kaneel / →Zimt
Känguruschwanzsuppe / kangaroo tail soup
Kaninchen / rabbit
Kaninchen, gebraten / fried rabbit
Kaninchenblankett, das *(Plur. ~s)* / rabbit blanquette
Kaninchenbraten / roast rabbit
Kaninchenfrikassee / rabbit fricassee
Kaninchenkeule / leg of rabbit
Kaninchenragout / rabbit ragout
Kaninchenrollbraten / rolled roast rabbit
Kaninchenrücken / saddle of rabbit
Kaninchenterrine / terrine of rabbit
Kännchen Kaffee / pot of coffee
Kantalupe / →Cantaloupemelone
Kapaun / capon
Kaper / caper
Kapernsauce / caper sauce
Kap-Stachelbeere (Ananaskirsche, Blasenkirsche, Physalis, Goldbeere) / Cape gooseberry *(Plur. ~ies)*
Kapuziner / Austrian cappuccino *(coffee with cream and cocoa or cinnamon)*
Kapuzinerart / à la capucine, [in the] Capucine style
Kapuzinerkresse / nasturtium

Karambole (Sternfrucht, Baumstachelbeere, Carambola, Babaco) / carambola, star fruit, babaco
Karamell / caramel
Karamellbirne / pear caramel
Karamellcreme / caramel cream
karamellisiert / caramellised (GB), caramelized (US)
Karamellpudding / caramel dessert
Karamellsauce / caramel sauce
Karausche / crucian
Karbonade / →Kotelett
Karbonadenfisch / →Steinbeißer
Kardamom / cardamom
Karde / →Cardy
Kardinalsart / à la cardinal, [in the] cardinal's style *(with lobster)*
Kardinalssauce / cardinal sauce *(based on lobster and truffles)*
Kardone / cardoon
Karfiol / →Blumenkohl
Karmeliterart / [in the] Carmelite style
Karmelitersalat / Carmelite salad
Karmelitersuppe / Carmelite soup *(fish cream soup)*
Karotte (Möhre) / carrot
Karotten-Apfel-Salat / carrot and apple salad
Karotteneintopf / carrot stew
Karottengemüse / carrots
Karottensalat / carrot salad
Karottensuppe / carrot soup
Karpfen / carp
Karpfen blau / carp au bleu
Karpfen in Bier / carp in beer sauce
Karpfenmilch / carp soft-roe
...karree / ribs of... *(z.B. "ribs of lamb")*
Karte (Speisekarte) / menu →Abendkarte →Dessertkarte →Kinderkarte →Mittagskarte →Tageskarte →Weinkarte →nach der Karte
Kartoffel *(Plur. ~n)* / potato *(Plur. ~es)*
Kartoffel, gebackene / baked potato
Kartoffel in der Schale / jacket potato
Kartoffelauflauf / potato soufflé
Kartoffelbälle / potato balls
Kartoffelbrei / mashed potatoes
Kartoffelchips / [potato] crisps (GB), [potato] chips (US)
Kartoffelcremesuppe / cream of potato soup
Kartoffelecke / potato wedge
Kartoffeleintopf / potato stew
Kartoffelgnocchi *(Plur.)* / potato gnocchi *(Plur.)*
Kartoffelgratin / gratinated potatoes
Kartoffelklöße / potato dumplings
Kartoffelknödel / potato dumpling(s)
Kartoffelkroketten / potato croquettes

Kartoffelkrusteln / →Kartoffelkroketten
Kartoffelkugeln / →Kartoffelkroketten
Kartoffelmaultaschen / Swabian potato ravioli *(Plur.)*
Kartoffelmus / mashed potatoes
Kartoffeln / potatoes
Kartoffeln Adele / →Spinatkartoffeln
Kartoffeln im Schlafrock / potatoes in their jackets
Kartoffeln, gedämpfte / steamed potatoes
Kartoffeln, gekochte / boiled potatoes
Kartoffeln, geröstete / roast potatoes
Kartoffelnest / potato nest
Kartoffelpfannkuchen / →Kartoffelpuffer
Kartoffelplätzchen / potato patties
Kartoffelpuffer (Reibekuchen, Kartoffelpfannkuchen, Reibeplätzchen) / potato pancake(s)
Kartoffelpüree / mashed potatoes
Kartoffelrösti / →Rösti
Kartoffelsalat / potato salad
Kartoffelscheibe / potato slice
Kartoffelschnee / fine mashed potatoes
Kartoffelspalte / potato wedge
Kartoffelspatzen / potato dumpling(s)
Kartoffelsuppe / potato soup
Kartoffeltaler / potato Thaler(s)
Kartoffeltasche / potato cushion
Kartoffelwürfel / diced potato(es)
Käse / cheese
Käseauflauf / cheese soufflé
Käseauswahl / selection of cheese, choice of cheese
Käsebällchen / cheese ball(s)
Käsebrett / cheese board
Käsebrot / [open] cheese sandwich
Käsecroûton, der / cheese crouton
Käsedessert / cheese dessert
Käseecke / wedge of cheese
Käsefondue / cheese fondu[e]
Käsefüllung / cheese stuffing
Käsehülle, in / in cheese
Käseklößchen / cheese dumpling(s)
Käsekuchen / cheesecake
Käsemantel / →Käsehülle
Käseplatte / selection of cheese
Käsesahnetorte / cream cheese tart
Käsesalat / cheese salad
Käsesauce / cheese sauce
Käsesoufflé (auch ...soufflee) / cheese soufflé
Käsespatzen / →Käsespätzle
Käsespätzle / cheese noodles
Käsestange / cheese stick, cheese straw
Käseteller / selection of cheese
Käsetörtchen / cheese tartlet(s)
Käsetortellini *(Plur.)* / cheese tortellini *(Plur.)*
Käsewagen / cheese trolley

Käsewürfel / diced cheese
Käsewurst / cheese sausage
Kasseler / smoked pork
Kasseler Braten / smoked roast pork
Kasseler Kotelett / smoked pork chop
Kasseler Rippchen / →Kasseler Rippenspeer
Kasseler Rippe / →Kasseler Rippenspeer
Kasseler Rippenspeer / smoked spareribs
Kasselerrücken in Blätterteig / smoked loin of pork in puff pastry
Kasseler Würstchen / smoked pork sausage(s)
Kasserolle (mit Griff) / saucepan;
(mit Henkeln) / casserole
...kasserolle / casserole of..., ...casserole *(z.B. "casserole of lamb", "lamb casserole")*
Kassler... / →Kasseler...
Kastanie / chestnut
Kastanie, geröstet / roast chestnut
Kastanienhonig / chestnut honey
Kastanienpüree / chestnut pudding
Kastaniensuppe / chestnut soup
Kästchen / parcel *(z.B. "parcel of puff pastry")*
Kastenbrot / square bread loaf *(Plur. loaves)*
kastilische Art / à la castillane, [in the] Castilian style
katalanische Art / à la catalane, [in the] Catalonian style
Katenrauchschinken / smoked country-style ham
Katenrauchwurst / smoked country-style sausage
Katenschinken / smoked ham
Katenspeck / smoked pork
Katerfrühstück / hangover breakfast
Katfisch / →Steinbeißer
Katzenminze / catmint
Katzenzunge / lady finger *(sweet, flat biscuit)*
Kaviar / caviar
Kaviarbutter / caviar butter
Kaviarkanapee, das *(Plur. ~s)* / caviar canapé *(Plur. ~s)*
Kaviarsauce / caviar sauce
Kebab / kebab →Spieß
Kefir, der / kefir *(soured milk)*
Keimling / shoot, sprout
Keks / biscuit (GB), cookie (US)
Kerbel / chervil
Kerbelbutter / chervil butter
Kerbelcremesuppe / cream of chervil soup
Kerbelsuppe / chervil soup
Kern (Obst) / seed, pip;
(Steinobst) / stone;
(Nuss) / kernel
kernig (Weingeschmack) / sturdy
kernlos / seedless; without stones →Kern
Kesselfleisch / boiled pork garnished with vegetables

Ketakaviar / keta caviar *(large red and almost transparent eggs of Siberian salmon)*
Ketchup (auch Ketschup) / ketchup (GB), (US auch catsup)
Keule / leg
Keule vom Hammel / leg of mutton
Keule vom Kalb / leg of veal
Keule vom Reh / leg of venison
Keule vom Schwein / leg of pork
Keule von Wild / leg of game
Kichererbsen / chick peas
Kidneybohnen / kidney beans
Kiebitzei / lapwing egg
Kieler Sprotte (Breitling) / smoked sprat
Kindergerichte / children's dishes, for children, for our younger guests
Kinderkarte / children's menu
Kindermenü / children's meal
Kinderteller / child's plate
Kipfe[r]l / croissant(s)
Kir / kir *(blackcurrant liqueur and white wine)*
Kir Royal / royal kir *(blackcurrant liqueur and champagne)*
Kirsch / →Kirschwasser
Kirschapfel (Babyapfel) / baby apple
Kirschauflauf / cherry soufflé
Kirsche / cherry *(Plur. ~ies)*
Kirschen auf Jubiläumsart / cherries jubilee, cherry flambé
Kirschkompott / cherry compote
Kirschkuchen / cherry pie
Kirschlikör / cherry liqueur
Kirschmarmelade / cherry jam
Kirschrotkohl / red cabbage with cherries
Kirschsauce / cherry sauce
Kirschschnitte / cherry slice
Kirschstrudel / cherry strudel
Kirschsuppe / cherry soup
Kirschtomate (Cocktailtomate) / cherry tomato *(Plur. ~es)*
Kirschtörtchen / cherry tartlet(s)
Kirschtorte / cherry gâteau
Kirschwasser / kirsch, cherry brandy
Kissen / cushion *(z.B. "cushion of puff pastry")*
Kitz / kid
Kitzbraten / roast kid
Kiwano / kiwano *(large egg-shaped fruit)*
Kiwi / kiwi, Chinese gooseberry *(Plur. ~ies)*
klar (Wein) / clear
klare Brühe / broth →Suppe
klare Fleischbrühe / meat broth →Suppe
klare Rindssuppe / beef broth →Suppe
klare Suppe / clear soup →Suppe
Klarer / schnapps
kleine Gerichte / small dishes, snacks, light bites, tiny dishes
kleine Klöße / small dumplings

kleine Leckerbissen / →Leckerbissen
kleine Portion / small portion
kleines Frühstück / small breakfast
Kleinigkeiten / →kleine Gerichte
Klementine / clementine
Kletzenbrot / fruit bread
Kliesche /→Rotzunge
Klippfisch / salted cod
Klops / fried meatball
Kloß / dumpling
Klößchen / small dumpling(s)
Klöße / dumplings
Kluftsteak / →Beefsteak
Kluntje Kandis / rock candy
Knäckebrot / crispbread
Knacker / →Knackwurst
knackig frisch (Salat) / crisp
knackiger Salat / crisp salad
Knacksalat / →Eisbergsalat
Knackwurst / large frankfurter
Knieper / crab claw(s)
Knipp / →Bremer Knipp
Knoblauch / garlic
Knoblauchbrot / garlic bread
Knoblauchbutter / garlic butter
Knoblauchcroûton, der / garlic crouton
Knoblauchdip / garlic dip
Knoblauchdressing / garlic dressing
Knoblauchmayonnaise / garlic mayonnaise
Knoblauchsalz / garlic salt
Knoblauchsauce / garlic sauce
Knoblauchsuppe / garlic soup
Knoblauchwurst / garlic sausage
Knoblauchzehe / garlic clove
Knoblauchzwiebel *(Plur. ~n)* / garlic head
Knochen / bone
Knochen, ohne / boneless
Knochenmark / [bone-]marrow
Knochenschinken / ham on the bone
knochig (Weingeschmack) / bone-dry with a high acidity
Knödel / dumpling(s)
Knödelsuppe / dumpling soup
Knollensellerie / celeriac
Knollenselleriesalat / celeriac salad
Knollenziest / →Stachy
Knöpfli / Swiss noodles
Knüppel / →Brötchen
Knurrhahn (Petermann) / gurnard
Knusperrolle mit Rindfleisch / dough roll stuffed with beef
knusprig / crisp;
(Brötchen) crusty;
(Keks) / crunchy
knusprig gebraten / roasted or fried until crispy →braten
Koch / chef →Küchenchef
kochen / to cook;
(sieden) / to boil
kochend heiß / piping hot
Kochkäse / soft cheese
Kochschinken / boiled ham
Kochwurst / cooked sausage
Kognak / cognac
Kohl / cabbage

Kohl und Pinkel / [curly] kale with groats sausage
Köhler / →Seelachs
Kohlfisch / →Seelachs
Kohlrabi / kohlrabi
Kohlrabigemüse / kohlrabi
Kohlrabisuppe / kohlrabi soup
Kohlroulade (Krautwickel) / cabbage leaves stuffed with minced meat, stuffed cabbage leaves
Kohlrübe / →Steckrübe
Kohlsuppe / cabbage soup
Kohlwurst / boiling sausage
Kokosflocken / desiccated coconut
Kokosmantel / coconut jacket
Kokosmilch / coconut milk
Kokosnuss / coconut
Kokosraspeln / →Kokosflocken
Kokossauce / coconut sauce
kolumbianischer Kaffee / Colombian coffee
Kombination aus/von... / combination of...
Kommissbrot / army bread
Komposition von... / composition of...
...kompott / ...compote *(z.B. "cherry compote")*
Kompott / stewed fruit, compote
Kondensmilch / condensed milk
Konfekt / confectionery, confections
Konfitüre / jam, preserve
Königinart / à la reine, [in the] queen's style
Königinpastetchen / vol-au-vent(s) à la reine *(patties with chicken stuffing)*
Königinsauce / queen sauce
Königinsuppe / cream of chicken soup
königliche Art / à la royale, [in the] royal style
königliche Kraftbrühe / royal consommé
Königsberger Klopse / meatballs in white caper sauce
königlicher Salat / royal salad
Königskrabbe (Königskrebs, Kamtschatkakrabbe, Chatka) / king crab →Krabbe
Königskrabbensalat (Kamtschatkakrabbensalat) / crab meat salad
Königskrebs / →Königskrabbe
Königskuchen / fruit cake
Königsrolle / cream roll
Königswurst / king's sausage
Konservierungsstoff / preservative
kontrollierter Anbau / controlled farming
Kopenhagener / Danish pastry
Kopf / head; (Pilz) / cap
Kopfsalat / lettuce
Kopfsalatherzen / hearts of lettuce
Koriander / coriander
Korianderrahm / coriander cream
Koriandersauce / coriander sauce

Korinthen / currants
Korn (Getreide) / cereals; (Branntwein) / →Kornbranntwein
Korn[branntwein] / grain liquor
Körper (Wein) / body
körperreich (Weingeschmack) / full-bodied
korsischer Schafskäse / Corsican sheep's milk cheese
Kosakenblut / Cossack blood coffee *(coffee with red wine)*
kosten / to taste
Kotelett / cutlet, chop
Krabbe (Kurzschwanzkrebs) / crab; (Königskrabbe, Königskrebs, Kamtschatkakrabbe, Chatka) / king crab; (Garnele, Granat *(Sing. der Granat, Plur. die Granate)*, Crevette, Nordseekrabbe) / shrimp; (größere Garnelenarten) / prawn; (Riesengarnele, Gamba, Hummerkrabbe, Geißelgarnele) / king prawn; (Scampo *(Plur. Scampi)*, ähnlich dem Kaisergranat) / scampo *(Plur. scampi)* →Kaisergranat →Languste →Krebs
Krabbencocktail / shrimp cocktail
Krabbenfleisch / crab meat →Krabbe
Krabbensalat / shrimp salad
Krabbenschiffchen / shrimp barquette(s), shrimp boat(s)
Krabbensuppe / crab soup; shrimp soup →Krabbe
Krachsalat / →Eisbergsalat
Kräcker / cracker(s)
Kraftbouillon / →Kraftbrühe
Kraftbrühe / consommé →Suppe
Kraftbrühe Adelheid / consommé Adelheid
Kraftbrühe Célestine / consommé Célestine *(clear soup with sliced pancake)*
Kraftbrühe Madrilène / consommé Madrilène *(with tomatoes)*
Kraftbrühe mit Ei / consommé with raw egg
Kraftbrühe mit Eierstich / consommé royale
Kraftbrühe mit Einlage / consommé with a garnish, garnished consommé
Kraftbrühe mit Reiseinlage / rice consommé
kräftig (Suppe) / nourishing, rich; (Sauce) / rich; (Weingeschmack) / robust
Kraftsuppe / beef and vegetable soup
Krakauer [Wurst] / Crakow-style ham sausage *(spicy smoked sausage with garlic)*
Kranzkuchen / ring[-shaped] cake

Krapfen / doughnut(s)
krausblättrige Petersilie / curly parsley
Krauseminze / spearmint
Krauskohl / →Grünkohl
Kraut / cabbage; (Sauerkraut) / sauerkraut
Kräuter / herbs
Kräuter, fein gehackt / fines herbes

Kräuter... */ herb[-flavoured]... (GB), ...flavored... (US), ...with herbs, herbal...*

Kräuter der Provence / herbes de Provence
Kräuterbaguette / baguette with herb butter
Kräuterbündel / bunch of herbs
Kräuterbutter / herb butter, maître d'hôtel butter
Kräutercremesuppe / cream of herb soup
Kräuterdip / herb dip
Kräuteressig / aromatic vinegar
Kräuterflädle / pancake strips with herbs
Kräuterkartoffeln / herb potatoes
Kräuterkäse / herb cheese
Kräuterklößchen / savoury dumpling(s) (GB), savory... (US)
Kräuterknödel / →Kräuter-klößchen
Kräuterlikör / herbal liqueur
Kräuternudeln / herb noodles
Kräuteröl / herb oil
Kräuterquark / soft cream cheese with herbs
Kräuterrahm / creamed herbs
Kräuterrahmsuppe / cream of herb soup
Kräuterreis / rice with herbs
Kräuterremoulade / rémoulade with herbs
Kräuterrolle (Käse) / garlic roule
Kräuterroulade / beef olive with herbs
Kräutersauce / maitre d'hôtel sauce, herb sauce
Kräuter-Sauerrahm / herbal sour cream
Kräuterschaumsauce / herb-flavoured mousseline sauce (GB) ...flavored... (US)
Kräuterschmand / →Kräuter-Sauerrahm
Kräuterschupfnudeln / potato noodles with herbs
Kräutersträußchen / bouquet garni
Kräutersuppe / herb soup
Kräutertee / herb[al] tea
Krautkopf / [head of] cabbage
Krautroulade / →Kohlroulade
Krautsalat / cabbage salad, coleslaw
Krautspätzle / noodles with cabbage
Krautwickel / →Kohlroulade
Krebs (Flusskrebs) / crayfish *(nicht "crawfish" →Languste)* →Krabbe

Krebsbutter / crayfish butter
Krebsschiffchen / crayfish barquette(s), crayfish boat(s)
Krebsschwanz / crayfish tail
Krebsschwanzsuppe / crayfish tail soup
Krebssauce / crayfish sauce
Krebssuppe / crayfish soup
Kren / horseradish
Krenfleisch / boiled pork with horseradish
Kreolenart / à la créole, [in the] Creole style *(with fried banana)*
Kreolenreis / Creole rice
Kreolensauce / Creole sauce
Kresse / →Brunnenkresse →Gartenkresse →Kapuzinerkresse
Kressebutter / cress butter
Kressesauce / cress sauce
Kresseschaum / cress sauce
Kressesuppe / cress soup
Kretzer / river perch
Kretzerfilet / river perch fillet
Kreuzkümmel / cumin
Krevette / →Krabbe
Krevetten... / →Crevetten...
Krickente / teal
Kroepoek / krupuk *(Indonesian prawn crackers)*
Krokant / brittle, praline
Krokanteis / brittle ice-cream, praline ice-cream
Krokantsauce / brittle sauce
Kroketten / croquettes
Kronenbraten (Lamm) / crown of lamb
Kronprinzessinkartoffeln / dauphine potatoes, potato croquettes
Kronsbeere / →Preiselbeere
kross / crisp
Krume / crumb
Krümel / →Brotkrümel
Krustade / croustade *(pastry or bread shell with a savoury filling)*
Krüstchen / escalope on toast
Kruste (Braten) / crisped outside;
(Salzkruste) / salt crust;
(Schweinebraten) / crackling;
(Teig) / crust →in der...
Krusteln / →Kroketten
Krustentiere / crustaceans →Langustine →Hummer →Kaisergranat →Krebs →Krabbe
Küche / cuisine *(z.B. "French cuisine")*;
(Raum) / kitchen
Kuchen / cake;
(Obstkuchen) / [fruit] flan, gâteau
Küchenchef / chef
Küchenchef, der...empfiehlt / the chef recommends, our chef suggests, suggestion of the chef
Küchenkräuter / herbs
Küchlein / small cake(s)
Kugel / ball;
(Eis) / scoop
Kugelhupf / →Gugelhupf
kühl / cool

Kuhmilch / cow's milk
Kuhmilchkäse / cow's milk cheese
Küken / chicken
kulinarische Reise / gourmet trip
kulinarischer Kalender / gourmet calendar
Kullerpfirsich / small peach
Kümmel / caraway [seed]; (Getränk) / caraway-seed liqueur
Kümmelbraten / roast with caraway seeds
Kümmelbrot / caraway bread
Kümmelkartoffeln / caraway potatoes
Kümmelkäse / caraway cheese
Kümmeljus / caraway sauce
Kümmelstange / French bread with caraway seeds
Kumquat (Zwergorange) / cumquat
Kürbis / pumpkin
Kürbisbutter / pumpkin butter
Kürbiskern / pumpkin seed
Kürbissuppe / pumpkin soup
Kurkuma (Gelbwurz) / turmeric
Kuttelfleck / →Kutteln
Kutteln (Kuttelfleck, Kaldaunen) / tripe
Kuttelsuppe / tripe soup
Kuvertüre (Schokoladenüberzug) / chocolate coating

L

labender Trunk / refreshing draught (GB), ...draft (US)
Labskaus / pork and potato stew *(served with fried egg and gherkins)*
Lachs / salmon
Lachs, geräucherter / smoked salmon
Lachsbrot / salmon sandwich
Lachsbutter / salmon butter
Lachsfilet / salmon fillet
Lachsforelle (Meerforelle) / salmon trout
Lachsforellenfilet / salmon trout fillet
Lachsforellenterrine / terrine of salmon trout
Lachshering / smoked and salted herring
Lachskaviar / salmon caviar
Lachskotelett / salmon cutlet
Lachsmayonnaise / salmon mayonnaise
Lachsmedaillon / salmon medallion
Lachsrogen / salmon roe
Lachsröllchen / salmon cornet(s)
Lachsschinken / slightly smoked fillet of ham
Lachsschnittchen / salmon canapé(s)
Lachsschnitte / salmon fillet
Lachssteak / salmon steak
Lachsstreifen / salmon slice(s)
Lachssülze / jellied salmon
Ladyfinger / →Okraschote
Laib (Brot) / loaf *(Plur. loaves)*
Lamm (Fleisch) / lamb
Lammblatt / →Lammschulter
Lammbraten / roast lamb
Lammbries, das / lambs' sweetbreads
Lammbrust / breast of lamb
Lammcurry / lamb curry
Lammedaillon / →Lammmedaillon
Lammfilet / fillet of lamb
Lammfleisch / lamb
Lammfrikassee / fricassee of lamb
Lammgemüsegulasch / lamb goulash with vegetables
Lammgemüsetopf / lamb stew with vegetables
Lammgulasch / lamb goulash
Lammgyros / lamb gyros
Lammhaxe / leg of lamb
Lammkarree / ribs of lamb
Lammkasserolle / casserole of lamb, lamb casserole
Lammkeule / leg of lamb
Lammkotelett / lamb chop
Lammkrone / lamb crown
Lammlende / loin of lamb
Lammmedaillon / lamb madallion
Lammnieren / lambs' kidneys
Lammnüsschen / noisette(s) of lamb

Lammragout / lamb stew
Lammrippchen / →Lammkotelett
Lammrücken / saddle of lamb
Lammschulter / shoulder of lamb
Lammspieß / lamb kebab →Spieß
Lamprete / →Neunauge
Landbrot / country[-style] bread
Landbutter / country butter
Landei / farm egg, free-range egg
Landesspezialitäten / local specialities (GB), ...specialties (US)
Landjäger / Landjäger sausage *(smoked, scalded sausage)*
ländliche Art / →Bauernart
Landmettwurst / country salami
Landpastete / country pâté
Landwein / country wine
Langkornreis / long grain rice
Langostino (wird vor Chile gefangen und ist dem Kaisergranat ähnlich) / →Kaisergranat
langsam gekocht / simmered
Languste (scherenloser Seekrebs. Auch: Stachelhummer) / spiny lobster, rock lobster, thorny lobster *(In den USA auch "crawfish". Fälschlicherweise werden in den USA aber auch andere Arten von Krustentieren mit "crawfish" bezeichnet.)* →Langustine →Hummer →Kaisergranat
Langustine (sehr kleine Hummerart mit langen schmalen Scheren) / →Kaisergranat
Lasagne / lasagne, lasagna
Lattich / →Kopfsalat
Lauch / leek
Lauchcremesuppe / cream of leek soup
Lauchgemüse / leeks
Lauchherzen / leek hearts, hearts of leek
Lauchkartoffeln / leek potatoes
Lauchsauce / leek sauce
Lauchsuppe / leek soup
Laurasalat / Laura salad
lauwarm / lukewarm
Lauchzwiebel / →Frühlingszwiebel
lebend / alive
lebendig (Wein) / lively
Leber / liver
Leber, Wiener Art / liver [in the] Viennese style
Leberauflauf / liver soufflé
Leberkäse / [slice of] meatloaf, ...meat loaf *(Plur. loaves)*
Leberklöße / liver dumplings
Leberknödel / liver dumpling(s)
Leberknödelsuppe / liver dumpling soup
Lebernockensuppe / →Leberknödelsuppe
Leberpastete / liver pâté
Leberreissuppe / riced liver soup
Leberspätzle / liver noodles
Leberspätzlesuppe / liver noodle soup

Leberwurst / liver pâté, liver sausage (GB), liverwurst (US)
Lebkuchen / gingerbread
Leckerbissen / titbit(s)
leckere Gerichte / delicious meals
Leckerei / titbit
Leckerli / sweet Swiss biscuits
Leerdammer / Leerdammer [cheese]
legieren (Sauce, Suppe) / to thicken
legierte Suppe / thickened soup
Leibgericht / favourite meal (GB), favorite... (US)
leicht (Weingeschmack, Gewicht) / light *(adj)*; lightly *(adv)*;
(von geringem Gehalt) / slight *(adj)*; slightly *(adv)*
leicht gesalzen / slightly salted
leicht gewürzt / slightly seasoned
leichte Sauce / light sauce
leichte Speisen / light bites, lighter bites, light dishes
Leinsamen / linseed
Leinsamenbrot / linseed bread
Leipziger Allerlei / mixed vegetables
Leitungswasser / tap water
Lendchen / tournedos →Tournedos
Lende / loin
Lendenbraten / loin roast
Lendenfilet / fillet of loin
Lendenschnitte / →Lendenfilet
Lendensteak / →Lendenfilet
Lendenstück / →Lendenfilet
Leng (Lengfisch) / ling
Lengfisch / →Leng
Leopoldsalat / Leopold salad
Lidingoesauce / Lidingoe sauce
Liebesapfel / →Tomate
Liebesperlen / hundreds and thousands
lieblich (Wein) / suave, pleasant, medium-sweet
Lieblingsart / à la favorite, [in the] favourite style (GB), favorite... (US)
Liebstöckel / →Maggikraut
ligurische Art / à la ligurienne, [in the] Ligurian style
Likör / liqueur *(nicht zu verwechseln mit "liquor" = →Alkohol)*
Likörwein / fortified wine
Limabohnen / lima beans
Limande / →Rotzunge
Limburger / Limburger [cheese]
Limette (Limone, Limonelle, Zitronelle) / lime
Limettensauce / lime sauce
Limonade / lemonade
Limone / →Limette
Limonelle / →Limette
Limonenbutter / lime butter
Limonensauce / lime sauce
Lindenblütentee / lime-blossom tea
Linsen / lentils
Linsen mit Speck / lentils with bacon
Linseneintopf / lentil stew

Linsenpüree / lentil purée
Linsensalat / lentil salad
Linsensuppe / lentil soup
Linsenteller / →Linsensuppe
Linzer Torte / Linz tart, Linz cake *(latticed jam tart)*
Liptauer / Liptauer [cheese]
litauische Art / à la lithuanienne, [in the] Lithuanian style
Litchi / →Litschi
Litschi (Litchi) / lychee
Lobster / →Hummer
Loempia / spring roll
Löffel / spoon
Löffelbiskuit / sponge finger
Löffelklößchen / dumpling(s)
Loganbeere / loganberry *(Plur. ~ies)*
lokales Gericht / local dish
Lollo Bionda / lollo bionda lettuce
Lollo Rossa / lollo rossa lettuce
lombardische Art / à la lombarde, [in the] Lombardic style
Longane (Drachenauge) / longan *(related to lychee)*
Longdrink / long drink
Loquat (japanische Mispel) / loquat, Japanese medlar
Lorbeer (Pflanze) / laurel; (Gewürz) / bay leaf, bay leaves
Lorbeerblatt / bay leaf *(Plur. leaves)*
Lorettekartoffeln / Lorette potatoes *(potato croquettes)*
Lorettesalat / Lorette salad *(lamb's lettuce, celery and beetroot)*
Lothringer Art / [à la] Lorraine
Lothringer Specktorte / quiche Lorraine
Lotte / →Seeteufel
Löwenzahn / dandelion
Löwenzahnsalat / dandelion salad
Lucullussuppe / Lucullus soup
Lucuma / canistel, eggfruit
luftgetrocknet / air-dried
Lumpfisch / →Seehase
Lumpfischrogen / →deutscher Kaviar
Lunge / lights
Lüngerl / →Innereien
Luzerner Art / [in the] Lucerne style
Lychee / →Litschi
Lyoner Art / à la lyonnaise, [in the] Lyon style *(with onions)*
Lyoner Kartoffeln / Lyonnaise potatoes *(fried potatoes with onions)*
Lyoner Sauce / Lyonnaise sauce *(onion sauce)*
Lyoner Wurst / Lyon sausage

M

Macadamianuss / macadamia nut
Macairekartoffeln / Macaire potatoes *(fried potato cake)*
Macédoine / macédoine *(diced fruit or vegetables)*
mächtig (Weingeschmack) / powerful
Mâconer Art / à la mâconnaise, [in the] Mâcon style
Madagaskar / [in the] Madagascar style
Madeira / Madeira
Madeirasauce / Madeira sauce
Madeleine / madeleine *(small rich sponge cake)*
Madrider Art / [in the] Madrid style, à la madrilène
Madrider Brühe / consommé madrilène →Suppe
Magen / stomach
Magenbitter / bitters *(Plur.)*
Magentasauce / Magenta sauce
mager (Fleisch) / lean; (wenig Fettgehalt) / low-fat, fat-reduced
Magerjog[h]urt / low-fat yoghurt
Magermilch / skimmed milk
Magerquark / fat-free quark, skimmed milk quark
Maggi ™ / Maggi *(brown liquid food colouring and flavouring)*
Maggikraut (Liebstöckel) / lovage
Magnum (Doppelflasche mit 1,5 l Inhalt) / Magnum
Mahlzeit / meal
Maibowle / woodruff punch
Maifisch / →Alse
Mailänder Art / [in the] Milanese style, à la milanaise
Mailänder Schnitzel / escalope of veal [in the] Milanese style
Mainauer Käse / Mainau cheese
Mainzer Rippchen / spareribs [in the] Mainz style
Mairekartoffeln / →Rahmkartoffeln
Mairübchen / →Mairübe
Mairübe (weiße Rübe) / turnip
Mais / maize (GB), sweet corn (GB), corn (US)
Maisbrot / cornbread
Maischolle / →Scholle
Maiscremesuppe / cream of corn soup →Mais
Maisgemüse / →Mais
Maiskolben / corn cob, corn on the cob
Maiskölbchen / small corn cobs
Maismehl / Indian meal (GB), cornmeal (US)
Maître d'hôtel-Butter / →Kräuterbutter
Majoran / marjoram
Makkaroni *(Plur.)* / macaroni *(Plur.)*

Makrele / mackerel
Makrone / macaroon
Malaga (Wein) / Malaga
Malagasauce / Malaga sauce
Malossol / malosol [caviar] *(slightly salted caviar)*
Malteser Art / [in the] Maltese style, à la maltaise *(with blood orange)*
Malteser Reis / Maltese rice *(rice pudding with blood orange juice)*
Malteser Sauce / Maltese sauce *(hollandaise sauce with blood orange juice)*
Malvasier / malmsey *(dark, sweet Madeira)*
Malz / malt
Malzbier (Dunkelbier) / malt beer
Malzkaffee / barley coffee
Mameyapfel / →Mammiapfel
Mammiapfel (Mameyapfel) / mammee [apple], mamey
Manchego / Manchego [cheese]
Mandarine / mandarin
Mandarinenreis / rice with mandarins
Mandel / almond
Mandelbällchen / →Mandelkroketten
Mandelbrokkoli *(Plur.)* / broccoli *(Plur.)* with almonds
Mandelbutter / almond butter
Mandelbutterreis / almond butter rice
Mandelhälfte / almond flake
Mandelhörnchen / almond crescent(s)
Mandelkrokant / almond brittle
Mandelkroketten / croquettes amandine, almond croquettes
Mandelkruste, in der / in almond crust
Mandelkrusteln / →Mandelkroketten
Mandeln, gehackt / chopped almonds
Mandelpudding / almond pudding
Mandelreis / almond rice
Mandelreispudding / almond rice pudding
Mandelsauce / almond sauce
Mandelspalten / almond flakes
Mandelsplitter / cracked almonds
Mandeltorte / almond cake
Mango / mango
Mango-Chutney / mango chutney
Mangocremesauce / mango cream sauce
Mangold / spinach beet
Mangoldroulade / stuffed spinach beet leaves
Mangoldsalat / spinach beet salad
Mangoldsuppe / spinach beet soup
Mangostane / mangosteen, mangostan
Maniok / manioc
Maracuja (Passionsfrucht) / passion fruit, granadilla
Maraschino / maraschino

Maraschinosauce / maraschino sauce

Marengo / [à la] Marengo *(with tomatoes, mushrooms, parsley, black olives and garnished with fried egg)*

Margarine / margarine

Marille / →Aprikose

Marinade / marinade

mariniert / marinated, pickled

Mark (Knochen) / [bone-]marrow; (von Beerenfrüchten) / fruit sauce

markant (Weingeschmack) / marked character

Markerbsen / marrowfat peas

Markgräfinart / à la marquise, [in the] marchioness style

Markgräfinkartoffeln (Tomatenkartoffeln) / marchioness potatoes

markig (Weingeschmack) / powerful

märkische Rüben / →Teltower Rübchen

Markklößchen / marrow dumpling(s)

Markklößchensuppe / marrow dumpling soup

Markknochen / marrow bone

Markknödel / marrow dumpling(s)

Marksauce / marrow sauce

marktfrisch / fresh from the market

Marktgemüse / vegetables fresh from the market

Marmelade / jam; marmalade (Eine Marmelade aus Erdbeeren, Kirschen, Johannisbeeren etc. ist immer "jam", z.B. "strawberry jam". Eine Ausnahme ist die Orangen- oder Apfelsinenmarmelade, die mit "marmalade" zu übersetzen ist.)

Marmorkuchen / marble cake

Maronen / →Esskastanien

Maronenpüree / purée of chestnuts

Marsala / Marsala *(fortified wine from Sicily)*

Marsalasauce / Marsala sauce

Marschallsart / à la maréchal, [in the] marshal's style

Marseiller Art / [in the] Marseilles style, à la marseillaise

Marseiller Steak / steak à la marseillaise

Martini ™ / Martini *(vermouth)*

Martinsfisch / →Petersfisch

Martinsgans / Martinmas goose

Martinsvogel / →Martinsgans

Maryland / Maryland *(served in a butter and cream sauce)*

Marzipan / marzipan

Marzipankuchen / marzipan cake

Mascarpone / Mascarpone [cheese]

maskieren / to mask

maskiert mit einer Sauce / masked with a sauce

Maß (Seidel, Humpen) / large beer mug, tankard *(holding around 1 litre)*
Maß Bier / tankard of beer
Mastente / fattened duckling
Masthähnchen / fattened chicken
Masthuhn / poulard[e] →Poularde
Masthuhn Marengo / chicken Marengo →Marengo
Masthühnchen / →Masthuhn
Mastkalb / fattened calf
Mastochse / fattened ox
Mastochsensteak / steak of fattened ox
Mastpoularde *(Nicht verwenden. Eine Poularde ist schon gemästet.)* / →Masthuhn
Mastschwein / fattened pig
Mate / mate *(a tea made from the dried leaves of a South American evergreen tree)*
Matelote / matelote *(fish stew)*
Matjesfilet / fillet of white herring
Matjeshering / white herring
Matjesröllchen / roll(s) of white herring
Matjestatar / tartare of white herring
Matrosenart / à la matelote, [in the] sailor's style
Matrosengericht / matelote *(fish stew)*
Matrosensauce / matelote sauce
Matsutake / matsutake *(mushroom)*
Maulbeere / mulberry *(Plur. ~ies)*
Maultaschen / stuffed noodles, Swabian ravioli *(Plur.)*
Maultaschensuppe / Swabian ravioli soup
Mayonnaise / mayonnaise
mazedonische Art / à la macédoine, [in the] Macedonian style
Meaux-Senf / Meaux mustard
Mecklenburger Art / [in the] Mecklenburg style
Medaillon / medallion *(small fillet)*
Medicisauce / Medici sauce
medium gebraten / →Garstufen
Meer, aus dem / seafood
Meeraal (Seeaal) / conger eel
Meeräsche / grey mullet
Meerbarbe / →Seebarbe
Meeresfisch / seafish
Meeresfrüchte / seafood
Meeresfrüchtesalat / seafood salad
Meeresfrüchtesuppe / seafood soup
Meeresschalentiere / shellfish
Meerforelle / →Lachsforelle
Meerhecht / →Seehecht
Meerkohl / seakale
Meerrettich / horseradish
Meerrettichsahne / horseradish cream
Meerrettichsahnesauce / horseradish cream sauce
Meerrettichsauce / horseradish sauce

Meersalz / sea salt
Meerschildkröte / turtle
Meerspinne / spider crab
Mehl / flour
Mehlnocken / small dumplings
Mehlspatzen / flour dumplings
Mehlspeise / pudding;
(Kuchen) / pastry;
(Dessert) / dessert
Mehlsuppe / flour soup, gruel
Melisse / →Zitronenmelisse
Mellowfrucht / →Pepino
Melone / melon
Melonencocktail / melon cocktail
Melonenfächer / →gefächerte Melone
Melonenkugel / melon ball
Melonenschiffchen / melon barquette(s), melon boat(s)
Minipizza / mini pizza
Menü / set menu, meal at fixed price, set meal
Mercedessalat / Mercedes salad *(celery, beetroots, chicory and tomatoes)*
Meringe / →Meringue
Meringue, die *(Plur. ~s)* / meringue
Merlan (Weißling, Wittling) / whiting
Merlanklößchen / whiting dumpling(s)
Merlanschnitte / whiting fillet
Messer / knife *(Plur. knives)*
Meterbrot / →Baguette
Mett / minced pork *(eaten raw)*
Mettwurst / German salami
Metzgerinart / [in the] butcher's style, à la charcutière
Metzgersauce / butcher's sauce
mexikanische Art / [in the] Mexican style, à la mexicaine
mexikanischer Salat / Mexican salad
Miamisalat / Miami salad
Miesmuschel (Pfahlmuschel) / mussel
Mignonsalat / Mignon salad *(artichokes and shrimps)*
Mikrowellenherd / microwave [oven]
Milch / milk
Milchbrötchen / milk roll(s)
Milchkaffee / milky coffee, coffee with milk, white coffee
Milchlamm / milk lamb
Milchmix / milk shake
Milchmixgetränk / milk shake
Milchreis / rice pudding, dessert rice
Milchschokolade / milk chocolate
Milchshake / milk shake
Milchsuppe / milk soup
mild (Käse, Wein, Gewürz) / mild
Milz / milt
mindestens haltbar bis... / best before...
Mineralwasser / mineral water;
(mit Kohlensäure) / fizzy mineral water, carbonated mineral water;
(ohne Kohlensäure) / still mineral water

Minervasalat / Minerva salad
Minestrone / minestrone *(thick vegetable soup garnished with rice)*
Minutensteak / minute steak, flash fry steak
Minze / mint
Minzkartoffeln / mint potatoes
Minzsauce / mint sauce
Mirabeau / Mirabeau *(with anchovy fillets and olives)*
Mirabelle / mirabelle [plum], cherry plum *(small yellow plum)*
Mirepoix / mirepoix *(fried mixture of chopped vegetables, ham and herbs)*
Mischbrot / mixed-grain bread
mischen / to mix
Mischgemüse / mixed vegetables
Mischung aus... / mixture of...
Mispel / medlar
Mistral / [à la] Mistral
mit... / [served] with..., inclusive of...; topped with...
mit allerlei Gemüse / with assorted vegetables
mit Beilage (Gemüsebeilage) / [served] with vegetables; (Salatbeilage) / [served] with [side] salad; (garniert mit) / garnished with...; (mit mehreren kleinen Beilagen) / with accompaniments; (mit ausgewählten Gewürzen) / with selected condiments
mit Einlage / with a garnish, garnished
mit Eis (Getränk) / on the rocks
mit Mandeln / amandine, with almonds
mit Reiseinlage / with rice
mit Schlag / with cream
mit Speck umwickelt / →im Speckmantel
Mittagessen / lunch
Mittagskarte / lunch menu
mittel (halb durch) / →Garstufen
Mittelrippenstück / →Entrecôte
mittelscharf (Käse) / semi-strong
Mitternachtssalat / midnight salad
Mixed Pickles (Mixpickles, Essiggemüse) / mixed pickles
Mixgetränk / cocktail
Mixpickles / →Mixed Pickles
Mocca / Mocha
Moccacreme / Mocha cream
Moccaeis / Mocha ice-cream
Moccarolle / Mocha roll
Moccatorte / coffee-flavoured gâteau (GB), ...flavored... (US), Mocha gâteau
Mockturtlesuppe / mock turtle soup
moderne Art / [in the] modern style, à la moderne
modische Art / à la mode
Mohn / poppy seeds
Mohnbrötchen / poppy seed roll(s)
Mohnkipfel / poppy seed crescent roll(s)

Mohnklöße / poppy seed dumplings
Mohnkuchen / poppy seed cake
Mohnsauce / poppy seed sauce
Mohnstriezel / poppy seed cake
Mohnstrudel / poppy seed strudel
Mohntörtchen / poppy seed tartlet(s)
Mohnzucker / sugar with poppy seeds
Möhrchen / →Möhre
Möhre (Karotte, Mohrrübe) / carrot
Möhren... / →Karotten...
Mohrenkopf / chocolate-covered cream cake
Mohrrübe / →Möhre
Mohrrübensalat / →Karottensalat
Mokka / →Mocca
monegassische Art / à la monégasque, [in the] Monegasque style
Montblancsalat / Mont Blanc salad
Montecristosalat / Montecristo salad
montiert / →aufgeschlagen
Montmorency / [à la] Montmorency *(garnish for steaks composed of artichokes, carrots and potatoes; with cherries)*
Montpellierbutter / Montpellier butter *(spicy butter)*
Moorhuhn / grouse
Moorkartoffeln / moorland potatoes
Moorwasser / →Spezi
Moosbeere / [European] cranberry *(Plur. ~ies)*
Morchel *(Plur. ~n)* / morel, morel mushroom
Morchelrahmsauce / creamed morel sauce
Morchelsauce / morel sauce
Morchelsuppe / morel soup
Morelle / morello cherry *(Plur. ~ies)*
Mornay / [à la] Mornay *(with Mornay sauce)*
Mornaysauce / Mornay sauce *(béchamel sauce with cheese)*
Mortadella / mortadella
Moselwein / Moselle wine
Moskauer Sauce / Moscow sauce
Most (Apfel[süß]most) / apple juice;
(vergorener Apfelmost) / cider;
(Birnen[süß]most) / pear juice;
(vergorener Birnenmost) / perry;
(Fruchtsaft, Süßmost) / fruit juice;
(Obstwein, vergorener Most) / fruit wine;
(teilweise fermentierter Wein, Federweißer) / new wine;
(Traubenmost) / grape juice;
(Traubenmost der anschließend zu Wein verarbeitet wird) / must
Mostbraten / roast in cider
Mostrich / →Senf

Moussaka (auch Mussaka) / moussaka *(mutton or beef with aubergines)*
Mousse / mousse
Mousse au chocolat / chocolate mousse
Mousselinesauce / mousseline sauce *(hollandaise sauce with whipped cream)*
Möwenei / seagull egg
Mozartkugel / chocolate ball Mozart *(filled with nougat and marzipan)*
Mozzarella / mozzarella [cheese]
Mufflon / mouflon
Müllerinart / à la meunière *(fried in butter)*
Müllerinbutter / butter meunière
Mulligatawnysuppe / mulligatawny [soup]
Münchner Weißwurst / Bavarian veal sausage
mundig (Weingeschmack) / palatable
Mungbohnen (Jerusalembohne) / mung beans
Munster / Munster [cheese] *(French cheese from Alsace)*
Muräne / morey eel
Mürbeteig / short[-crust] pastry
Mürbeteigkuchen / shortcake
Mus / mash, purée
Muscadet / Muscadet *(light dry white wine)*
Muschelfleisch / shelled mussels
Muschel / mussel
Muschelsalat / mussel salad
Muschelschale / shell
Muschelschalen, in / scalloped
Muschelsuppe / mussel soup
Muskatblatt / →Muskatblüte
Muskatblüte (Muskatblatt) / mace
Muskateller / muscatel
Muskatellertraube / muscat grape
Muskatnuss / nutmeg
Müsli / muesli
Mussaka / →Moussaka
Muttern, wie bei / just like mother makes

N

nach...Art, auf...Art / [in the]... style *(z.B. "[in the] hunter's style")* →"Zubereitungsarten und Garnituren", Seiten 11-14

...nach Art des Hauses / →Art des Hauses
nach Belieben / →nach Wahl
nach der Karte / à la carte
nach Ihrer Wahl / →nach Wahl
nach Jägerart / →Jägerart
nach Wahl / to your liking, as you like, at your choice; cooked to order, cooked how you wish
nach Wunsch / →nach Wahl
Nachgeschmack (allg., Wein) / aftertaste
nachhaltiger Geschmack (Wein) / lingering aftertaste, long finish
Nachspeise / dessert; (als Sammelbegriff) / afters
Nachtisch / →Nachspeise
Nackenkarbonade / neck of pork
Nackenkotelett / →Nackenkarbonade
Nagelrochen / →Stachelrochen
Nangka / →Jackfrucht
Nantaiser Art / [in the] Nantes style, [à la] nantaise
Nantua / [à la] Nantua *(with crayfish)*
Nantuasauce / Nantua sauce
Napfkuchen / pot cake, ring cake
nappieren / to nap
nappiert / napped *(z.B. "napped with a chili sauce")*
Nashi / Asian pear, nashi
Nasi-goreng / nasi goreng
natur / plain, au naturel, sautéed
naturbelassen / →natur
naturell / →natur
Naturreis / brown rice
Naturschnitzel / sautéed escalope, plain escalope
naturtrüb (Saft) / [naturally] cloudy
Navarin / navarin *(z.B. "navarin of fish")*
Neapler Art / à la napolitaine, [in the] Neapolitan style
Negerkuss / chocolate marshmellow
Negrescosalat / Negresco salad
Nektar / →Fruchtnektar
Nektarine / nectarine
Nelke / →Gewürznelke
Nelkenpfeffer / →Piment
nervig (Weingeschmack) / vigorous
Nesselrode / [à la] Nesselrode *(with chestnut pudding)*
nett (Weingeschmack) / nice
Netzannone / custard apple, bullock's heart
Netzmelone / netted melon
neue Kartoffeln / new potatoes

neuer Wein / →Federweißer
Neugewürz / →Piment
Neunauge (Lamprete) / lamprey
Neuseelandspinat / New Zealand spinach
neutral (Geschmack) / neutral
Neverser Art / à la nivernaise, [in the] Nevers style
nicht inbegriffen / not included
Niere / kidney
Nierenbraten / loin roast
Nierenragout / kidney stew
Nierenstück / loin
Nimrodsalat / Nimrod salad *(with venison)*
Ninettesalat / Ninette salad
Ninonkartoffeln / Ninon potatoes
Ninonsalat / Ninon salad *(lettuce and orange)*
Nizzaer Art / à la niçoise, [in the] Nizza style *(with tomatoes, garlic, olives, tuna and anchovies)*
Nizzasalat / Niçoise salad
Nocken (Nockerln, Gnocchi) / dumplings
Nockerl, das *(Plur. ~n)* / →Nocken
Nockerln / →Nocken
Nockerlsuppe / dumpling soup
Noilly-Prat ™ / Noilly-Prat *(vermouth)*
Noilly-Prat-Sauce / Noilly-Prat sauce
Noisette / noisette *(prime cut from the loin of lamb or pork)*
Nordseekrabbe / North Sea shrimp →Krabbe
Nordseescholle / North Sea plaice
normannische Art / [in the] Normandy style, à la normande *(with seafood)*
normannische Sauce / Normandy sauce *(white wine sauce with fish stock)*
norwegische Art / [in the] Norwegian style
Nougat / nougat
Nougatcreme / nougat cream
Nougateis / nougat ice-cream
Nudelauflauf / noodle soufflé
Nudelgerichte / pasta
Nudelgratin / baked noodles
Nudeln / noodles, pasta →Nudelgerichte
Nudeln, grüne / →Spinatnudeln
Nudelplatte / lasagne, lasagna, flat noodles
Nudelsalat / noodle salad
Nudelsuppe / noodle soup
Nudelteigplatte / →Nudelplatte
Nürnberger [Rost]bratwurst / Nuremberg sausage *(pork sausage flavoured with marjoram)*
Nuss / nut;
(Fleisch) / cushion
Nussbutter / nut butter
Nusseis / hazelnut ice-cream
Nusskartoffeln / noisette potatoes
Nusskrapfen / nut doughnut(s)
Nusskrokant / nut brittle
Nussnockerln / nut dumplings

Nussparfait / nut parfait
Nusspudding / nut pudding
Nussschinken / cushion ham
Nusstorte / nut gâteau

O

Obazter / Obazter [cheese]
obergäriges Bier / top-fermented beer
Oblate / wafer
Obst / fruit

Obst... / *→auch Frucht...*

Obst der Saison / fruit in season
Obstgarten / orchard
Obstkuchen / fruit cake
Obstler / fruit brandy
Obstsaft / fruit juice
Obstsalat / fruit salad, fruit cocktail
Obstsauce / fruit sauce
Obstschale / fruit bowl
Obsttörtchen / fruit tartlet(s)
Obsttorte / fruit tart
Obstwasser / →Obstler
Obstwein / fruit wine
Ochse / ox
Ochse, junger / bullock
Ochse am Spieß / roast ox →Spieß
Ochsenauge (Spiegelei) / fried egg
Ochsenbraten / roast beef
Ochsenbrust / breast of ox
Ochsenfilet Wellington / ox fillet Wellington
Ochsenfleisch / beef
Ochsenhüfte / joint of ox
Ochsenkotelett / ox cutlet
Ochsenmaulsalat / ox muzzle salad *(with vinegar dressing)*
Ochsenschwanz / oxtail
Ochsenschwanzsuppe / oxtail soup
Ochsenzunge / ox tongue
Ofen / oven
Ofen, aus dem / baked
ofenfrisch / freshly baked
Ofenkartoffel *(Plur. ~n)* / baked potato *(Plur. ~es)*
Ofenschlupfer / bread and apple pudding
offener Wein (Ausschankwein) / wine by the glass, draught wine (GB), draft wine (US)
ohne Knochen / boneless
Ohrschnecke / →Abalone
Okra / →Okraschote
Okraschote (Okra, Ladyfinger, Gombo) / okra
Öl / oil
ölig (Weingeschmack) / rich and concentrated
Olive / olive
Olive, grüne / green olive
Olive, schwarze / black olive
Olivenkartoffeln / olive potatoes *(potatoes in olive form)*
Olivenöl / olive oil
Olivensauce / olive sauce
Ölsardinen / sardines in oil
Oma... / →Großmutter...
Omelett / omelet[te]

Omelett auf savoyische Art / Savoy omelet[te]
Omelett mit Champignons / mushroom omelet[te]
Omelett mit Kartoffeln / potato omelet[te]
Omelett mit Käse / cheese omelet[te]
Omelett mit Konfitüre / jam omelet[te]
Omelett mit Kräutern / savoury omelet[te] (GB), savory... (US)
Omelett mit Pilzen / mushroom omelet[te]
Omelett mit Speck / bacon omelet[te]
Omelett mit Zwiebeln / onion omelet[te]
Omelett nach Försterinart / mushroom omelet[te]
Omelett natur / plain omelet[te]
Omelett Soufflé (auch ...Souflee) / omelet[te] soufflé
Omelett Surprise / omelet[te] surprise
Oportozwiebel *(Plur. ~n)* / Spanish onion
Orange / orange
oranger Paprika / →Paprika, orange
Orangeade / orangeade
Orangenbutter / orange butter
Orangencreme / orange cream
Orangenfilet / orange fillet
Orangenlachs / orange-flavoured salmon (GB), ...flavored (US)
Orangenlimonade / orangeade
Orangenmarmelade / marmalade →Marmelade
Orangenmousse / orange mousse
Orangen-Pfeffersauce / orange sauce with pepper
Orangensaft / orange juice
Orangensalat / orange salad
Orangensauce / orange sauce
Oregano / oregano, wild marjoram
organisch-biologischer Anbau / organic farming
orientalische Art / à l'orientale, [in the] oriental style
orientalischer Salat / oriental salad
Ossobuco / osso buco *(shin of veal stewed in white wine)*
Osterei / Easter egg
Osterlamm / paschal lamb, Easter lamb
Ostermenü / Easter menu
Ostseelachs / Baltic salmon
Ouzo / ouzo *(Greek liquor flavoured with aniseed)*

P

Paar, ein...Würstchen / two sausages
Pächterinsuppe / soup [in the] tenant's style
Paddy-Straw-Pilz (Reisstrohpilz) / [paddy-] straw mushroom
Paella / paella *(mixture of rice, vegetables, chicken, meat and seafood)*
Paglietta / Paglietta [cheese]
Pahlerbsen / peas
Pak-Choi / Chinese leaves, pak-choi
palästinische Art / [in the] Palestine style, à la palestinienne
Palatschinken / pancake *(usually with filling)*
Palm[en]herzen (Palmitos) / palm hearts
Palm[en]herzensalat / palm heart salad
Palm[en]herzensuppe / palm heart soup
Palmitos / →Palmherzen
Palmkohl / palm cabbage
Palmwein / palm wine
Pampelmuse (Adamsapfel) / pummelo, pomelo, shaddock
Panettone / panettone *(Italian coffee cake with raisins and candied fruit)*
panieren / to bread, to coat with breadcrumbs
Paniermehl / breadcrumbs
panierte Eier / eggs fried in breadcrumbs
paniertes Kotelett / breaded cutlet
Pannfisch / fried pieces of cod
Papaya / papaya, pawpaw
Papierhülle, in der / →en papillote
Papillote / →en papillote
Pappadam / poppadom *(thin round pancake made from lentil flour batter)*
Pappardelle / pappardelle *(wide egg noodles)*
Paprika, der *(Plur. ~s)* / pepper (GB), bell pepper (US); (Gewürzpulver) / paprika
Paprika, gefüllte / stuffed pepper →Paprika
Paprika, gelb / yellow pepper →Paprika
Paprika, grün / green pepper →Paprika
Paprika, orange / orange pepper →Paprika
Paprika, rot / red pepper →Paprika
Paprika, schwarz / black pepper →Paprika
Paprikabutter / paprika butter
Paprikafleisch / paprika beef
Paprikagemüse / pepper
Paprikagulasch / highly-seasoned goulash

Paprikahuhn / paprika chicken
Paprikakartoffeln / paprika potatoes
Paprikanudeln / paprika noodles
Paprikapulver / paprika
Paprikarahmsauce / paprika cream sauce
Paprikarahmschnitzel / creamed escalope with paprika
Paprikareis / paprika rice
Paprikasalat / pepper salad
Paprikasauce / paprika sauce
Paprikaschnitzel / escalope with paprika
Paprikaschote / pepper →Paprika
Paprikaschote mit Fleischfüllung / stuffed pepper
Paprikaschotensalat / pepper salad
Paprika-Zwiebelfleisch / sliced beef sautéed with onions and red pepper
Paranuss / Brazil nut
Parasolpilz (Schirmpilz) / parasol mushroom, umbrella mushroom
Parboiled Reis / parboiled rice
Parfait, das / parfait *(z.B. "vanilla parfait")*
Parforcekohl / red cabbage [with apple]
parfümiert mit... / finished with...
Pariser Art / à la parisienne, [in the] Paris style
Pariser Gnocchi *(Plur.)* / gnocchi *(Plur.)* [in the] Paris style
Pariser Kartoffeln / Parisienne potatoes
Pariser Schnitzel / escalope [in the] Paris style
Pariser Karotten / stump-rooted carrots
Parmaschinken / Parma ham
Parmentier / [à la] Parmentier *(with potatoes)*
Parmentierkartoffeln / Parmentier potatoes *(fried diced potatoes)*
Parmentiersalat / Parmentier salad *(diced potatoes with mayonnaise)*
Parmentiersuppe / Parmentier soup
Parmesan[käse] / Parmesan [cheese]
Partybrötchen / party roll(s)
passieren / to strain
passierte Linsensuppe / strained lentil soup
Passionsfrucht / →Maracuja
Pasta / pasta
Pastetchen / patty, patties
Pastete / pâté, pie
Pastinak[e] / parsnip
Pastinakenpüree / mashed parsnips
Pastinakensalat / parsnip salad
Pastis / pastis *(French liquor flavoured with licorice and aniseed)*
Pâté / →Pastete
Patnareis / Patna rice

Paupiette (Fisch) *(Plur. ~s)* / stuffed and rolled fillet of fish; (Kalbfleisch) / veal olive; (Rindfleisch) / beef olive
Pecannuss / pecan nut
Pecorino / Pecorino [cheese]
Pekingente / Peking duck, Beijing duck
Pekingkohl / →Chinakohl
Pekingsauce / hoi sin sauce *(Chinese barbecue sauce)*
Pelatitomate / Pelati tomato *(Plur. ~es)*
Pellkartoffeln / jacket potatoes, potatoes boiled in their jackets
Penne / penne *(slim macaroni)*
Peperoni *(Plur.)* / chil[l]i *(Plur. ~es)*
Pepino (Mellowfrucht) / pepino, mellow fruit
Perigorder Art / [in the] Périgord style, à la périgourdine
Perigorder Sauce / Périgord sauce
Périgueuxsauce / Périgueux sauce *(truffle sauce)*
perlend (Wein) / brisk
Perlgraupen / pearl barley
Perlgraupensuppe / pearl barley soup
Perlhuhn / guinea fowl
Perlhuhnbrust / breast of guinea fowl
Perllauch / →Perlzwiebel
Perlwein / white semi-sparkling wine
Perlzwiebel *(Plur. ~n)* (Perllauch, Babyzwiebel) / pearl onion, button onion
Persimone (Kaki, Kakipflaume, japanische Persimone, japanische Aprikose) / persimmon
persische Art / à la persane, [in the] Persian style
Pesto / →Pestosauce
Pestorahm / →Pestosauce
Pestosauce / pesto sauce
Petermann / →Knurrhahn
Petersfisch (Heringskönig, John Dory, Martinsfisch, Sonnenfisch) / John Dory
Petersilie / parsley →glattblättrige P. →krausblättrige P.
Petersilienbutter / parsley butter
Petersilienkartoffeln / parsley potatoes
Petersiliensauce / parsley sauce
Petersilienwurzel / parsley root
Petits Fours *(Plur.)* / petits fours *(Plur.)*
Pfahlmuschel / →Miesmuschel
Pfälzer Leberwurst / liver sausage [in the] Palatinate style
Pfälzer Art / [in the] Palatinate style
Pfälzer Saumagen / stuffed pig's stomach [in the] Palatinate style
Pfanne / frying pan
...pfanne / ...fry-up *(z.B. "fish fry-up")*
Pfanne, aus der / fried
Pfanne, in der...gebraten / fried

Pfannengemüse / vegetable fry-up
Pfannengericht / fry-up
Pfannkuchen / pancake(s)
Pfeffer / pepper
...pfeffer / jugged... *(z.B. "jugged hare")*
Pfeffer, ganzer / whole pepper
Pfefferbutter / peppered butter
Pfefferfisch / peppered fish
Pfeffergurke / →Essiggurke
Pfefferkorn / peppercorn
Pfefferkuchen / gingerbread
Pfefferminze / [pepper]mint
Pfefferminzsauce / mint sauce
Pfefferminztee / mint tea
pfeffern / to pepper, to season with pepper
Pfeffernuss / gingernut
Pfefferpotthast / →Potthast
Pfefferrahmsauce / creamed pepper[corn] sauce
Pfefferrahmsuppe / cream of pepper soup
Pfeffersauce / pepper[corn] sauce
Pfefferspieß / pepper kebab →Spieß
Pfeffersteak / pepper steak
Pfeffersuppe / pepper soup
Pferdebohnen / →Saubohnen
Pferdefleisch / horsemeat
Pfifferling / chanterelle
Pfifferlingssalat / chanterelle salad
Pfifferlingsrahm / cream of chanterelles
Pfirsich / peach
Pfirsich Alexandra / peach Alexandra *(peach on vanilla ice-cream with strawberry sauce)*
Pfirsich Melba / peach Melba *(peaches poached in syrup and topped with vanilla ice-cream and raspberry jam)*
Pfirsichbowle / peach punch
Pfirsicheis / peach ice-cream
Pfirsichkompott / peach compote
Pflanzenfett / →pflanzliches Fett
pflanzliches Fett / vegetable fat
Pflaume / plum
Pflaumenkompott / plum compote
Pflaumenkuchen / plum tart
Pflaumenmus / plum jam
Pflücksalat / →Schnittsalat
Pharisäer / coffee with rum and cream
Philadelphiakäse / Philadelphia cream cheese
Physalis / →Kapstachelbeere
Piccata / piccata *(fried escalope)*
Pichelsteiner / →Pichelsteiner Gemüseeintopf
Pichelsteiner Fleisch / →Pichelsteiner Gemüseeintopf
Pichelsteiner Gemüseeintopf / Pichelstein meat and vegetable stew
Piemonteser Art / [in the] Piemont style, à la piémontaise *(with risotto or polenta)*
Pignole / →Pinienkern

Pignolie / →Pinienkern
pikant / piquant, spicy (Weingeschmack) / piquant
pikante Sauce / piquant sauce
pikante Vorspeise / savoury (GB), savory (US) *(Plur. ~ies)*
Pikkolo / quarter bottle of champagne
Pilaf / →Pilaw
Pilau / →Pilaw
Pilaw (Pilaf, Pilau) / pilaf[f] *(oriental rice dish)*
Pilawreis / pilaf[f] rice
Pilgermuschel / →Jakobsmuschel
Pils[ener] / Pils[e]ner beer
Pilzbraten / mushroom pie
Pilz / mushroom
Pilzrahmsauce / creamed mushroom sauce
Pilzravioli *(Plur.)* / mushroom ravioli *(Plur.)*
Pilzrisotto / mushroom risotto
Pilzsauce / mushroom sauce
Pilzsuppe / mushroom soup
Piment (Nelkenpfeffer, Allgewürz, Jamaikapfeffer, Neugewürz) / allspice, pimento, Jamaican pepper
Pimiento / pimiento *(sweet pepper)*
Pimpinelle / →Bibernelle
Pinbone Steak / sirloin steak
Pinienkern (Piniennuss, Pignole, Pignolie) / pine nut, pignolia, pine kernel
Pinienkernsauce / pine nut sauce
Piniennuss / →Pinienkern
Pinkel / groats sausage(s) *(served with curly kale)*
Piroggen / pirogen, pirogi *(small potato turnovers with a filling)*
Pistazie / pistachio nut
Pistazienbutter / pistachio butter
Pistazieneis / pistachio ice-cream
Pitanga (Surinamkirsche) / pitanga, Surinam cherry
Pizza / pizza
Pizza nach Wunsch / pizza to your liking
Pizzaschnitte / piece of pizza, pizza wedge
Platte / platter
...platte / assorted..., selection of... *(z.B. "selection of cold cuts", "assorted cold cuts")*
Plattfisch / flatfish
Plätzchen / biscuit(s) (GB), cookie(s) (US)
Plinsen / →Blini
Plockfinken / →Hamburger Plockfinken
Plockwurst / [coarse-textured] salami
Plötze / →Rotauge
Plunder / →Kopenhagener
pochieren / to poach
pochierte Eier / poached eggs
Pökelfleisch / pickled meat, salt meat
Pökelhering / pickled herring
Pökelkarree / pickled ribs of pork

pökeln / to salt, to pickle
Pökelzunge / pickled tongue
Polenta / polenta
Pollack / pollack
polnische Art / [in the] Polish style, à la polonaise *(with boiled vegetables sprinkled with roasted breadcrumbs)*
Polsterkartoffeln / puffed potatoes
Pomelo / pomelo
Pomeranze (Bitterorange, Bigarade) / Seville orange, bitter orange
pommersche Art / [in the] Pomeranian style
Pommes / →Pommes frites
Pommes duchesse / →Herzoginkartoffeln
Pommes frites / chips (GB), French fried potatoes, French fries (US)
Pommes Lorette / Lorette potatoes
Pommes Dauphine / dauphine potatoes
Pompadoursalat / Pompadour salad
Pont-Neuf-Kartoffeln / →Pommes frites
Popcorn (Puffmais) / popcorn
Porree / leek
Porterhouse Steak / Porterhouse steak
Portion / portion of... *(z.B. "portion of butter")*
Portion für Erwachsene / adult's portion
Portion für Kinder / children's portion
Portion, halbe / half portion
Portion Kaffee / pot of coffee
Portion, kleine / small portion
Portion, zweite / second helping
portugiesische Art / à la portugaise, [in the] Portuguese style *(with tomatoes)*
portugiesische Sauce / Portuguese sauce
portugiesische Suppe / Portuguese soup
Portulak (Burzelkraut) / purslane
Portwein / port
Portweingelee / port jelly
Portweinjus / →Portweinsauce
Portweinsauce / port sauce
Pot au feu / pot au feu *(meat and vegetable stew)*
Potpourri / →Allerlei
Potthast / braised beef with vegetables
Poularde (gemästete Henne oder Hahn) / poulard[e] *(fattened chicken between 1.5 and 2 kg)*
Poulardenbrust / breast of poulard[e]
Poulet (gemästetes Junghuhn) / poulet *(fattened chicken between 3 and 8 months old)*
Prädikatswein / top quality wine
Prager Schinken / Prague ham *(ham baked in pastry)*
Praline / chocolate candy; (mit Nuss-Karamellfüllung) / praline

Prärieauster / prairie oyster *(egg yolk flavoured with Worcestershire sauce, a hangover cure)*
Präsentkorb / presentation basket
Preiselbeerbirne / pear with cranberry sauce
Preiselbeere / cranberry *(Plur. ~ies)*
Preiselbeerkompott / cranberry compote
Preiselbeersahne / cranberry cream
Preiselbeersauce / cranberry sauce
Presskaviar / pressed caviar
Presskopf (Presswurst) / white pudding *(jellied pork)*
Presswurst / →Presskopf
Printen / honey biscuits
Prinzessbohnen / →Bohnen, grüne
Prinzesserbsen / →Zucker-erbsen
Prinzessinart / [in the] princess style, à la princesse *(with asparagus tips)*
Prinzessinsuppe / princess soup
Prinzesskartoffeln / sliced, boiled potatoes with diced herring
Prise... / a pinch of..., a hint of..., a touch of..., a sprinkle of... →Spritzer →Schuss
Probierportion / small portion, appetiser (GB), appetizer (US)
Provençale / →provenzalische Art
provenzalische Art / [in the] Provence style, à la provençale *(with garlic, olive oil and tomatoes)*
provenzalische Sauce / Provence sauce
Pudding / pudding
Pudding Nesselrode / Nesselrode pudding
Puderzucker / icing sugar
Puffbohnen / →Saubohnen
Puffmais / →Popcorn
Puffreis / puffed rice
Pumpernickel / pumpernickel *(black rye bread)*
Punsch / punch
pur (unverdünnt) / straight *(z.B. "straight whisky")*
Püree / purée
Püree von Erbsen / pea purée, purée of peas
Püree von Zwiebeln / onion purée, purée of onions
Püreerand (Kartoffelpüree) / ring of mashed potatoes
Püreesuppe / purée soup
pürieren / to purée
püriert / puréed
Pute / turkey
Putenbraten / roast turkey
Putenbrust / breast of turkey
Putenbruststeak / breast of turkey
Putenbruststreifen / strips of turkey breast
Putengeschnetzeltes / chopped turkey

Putengulasch / turkey goulash
Putenkeule / leg of turkey
Putenleber / turkey liver
Putenrollbraten / rolled roast of turkey
Putenschenkel / →Putenkeule
Putenschnitzel / turkey escalope
Putensteak / turkey steak
Puter / turkey
Puter... / →Puten...
Puttapfel / baked apple
Pyramidenkäse / pyramide [cheese]

Q

Qualitätswein mit Prädikat / quality wine with distinction
Quappe / →Aalrutte
Quark / curd cheese, cottage cheese
Quarkcreme / curd cream
Quarkkuchen / curd cheese cake
Quarknocken / curd cheese dumpling(s)
Quarkknödel / curd cheese dumpling(s)
Quarkspeise / curds pudding
Quarktasche / curd cheese turnover
Quarktorte / curd cheese gâteau
Quenelles (Klößchen) / dumplings
Quetschkartoffeln / →Kartoffelpüree
Quiche Lorraine / →Lothringer Specktorte
Quitte / quince
Quittengelee / quince jelly
Quittenmarmelade / quince jam

R

Rachelsalat / Rachel salad *(celery, artichokes, potatoes and asparagus)*
Raclette / raclette
Radi / →Rettich
Radicchio / radicchio
Radicchiosalat / radicchio salad
Radieschen / radish(es)
Radieschenrahmsuppe / cream of radish soup
Radieschensalat / radish salad
Radler / →Alsterwasser
raffiniert / exquisite
Ragout / ragout
Ragout fin / ragout fin
Rahm / cream
Rahmbraten / creamed roast
Rahmeis / ice-cream
Rahmfrischkäse / cream cheese
Rahmgemüse / creamed vegetables
Rahmgeschnetzeltes / creamed chopped veal
Rahmgulasch / creamed goulash
Rahmhackbraten / meatloaf in cream, meat loaf in cream
Rahmkartoffeln (Bürgermeisterkartoffeln, Sahnekartoffeln, Mairekartoffeln) / potatoes with cream, creamed potatoes
Rahmkäse / cream cheese
Rahmlauch / creamed leek
Rahmpfifferlinge / creamed chanterelles
Rahmsauce / cream sauce
Rahmschlegel / creamed leg
Rahmschnitzel / creamed escalope, escalope in cream
Rahmspinat / creamed spinach
Rahmsteak / creamed steak
Rahmsuppe / cream soup
Rahmsuppe Parmentier / cream soup Parmentier
Rahmwirsing / creamed savoy cabbage
Raita / raita *(chopped vegetables and fruit)*
Rambutan / rambutan *(hairy lychee)*
Ramequin / ramekin *(cheese tartlet)*
Rapunzel / →Feldsalat
rassig (Wein) / racy
Ratatouille / ratatouille
Ratsherr[e]nsteak / councillor's steak
Ratsherr[e]ntoast / councillor's toast
Rauchenden / streaky bacon
Räucheraal / smoked eel
Räucherei / →Räucherkammer
Räucherfisch / smoked fish
Räucherfleischwürstchen / smoked pork sausage(s)
Räucherforelle / smoked trout
Räucherhering / kipper, smoked herring
Räucherkammer / smoking chamber

Räucherkäse / smoked cheese
Räucherlachs / smoked salmon
Räucherlachsstreifen / →Rauchlachsstreifen
räuchern / to smoke *(z.B. "oak smoked", "juniper smoked")*
Räucherspeck / smoked bacon
Räucherzunge / smoked tongue
Rauchfleisch / smoked meat
Rauchfleischsuppe / smoked meat soup
Rauchlachs / smoked salmon
Rauchlachsstreifen / strip(s) of smoked salmon
Rauchwurst / smoked sausage
Rauke / →Rucola
Ravigote / ravigote sauce *(spicy herb sauce)*
Ravioli *(Plur.)* / ravioli *(Plur.)*
Raviolisuppe / ravioli soup
Rebe / →Weinrebe
Rebenblatt / →Weinblatt
Rebhuhn / partridge
Rebhuhnbrust / breast of partridge
Reformsauce / reform sauce
Regenbogenforelle / rainbow trout
Regensburger [Wurst] / Regensburg sausage *(spiced, smoked pork sausage)*
Regentschaftssalat / regency salad
regionale Küche / regional cuisine
regionale Spezialitäten / regional specialities (GB), ...specialties (US)
Reh (Fleisch) / venison; (Tier) / roe deer
Rehbraten / roast venison
Rehcarpaccio / venison carpaccio
Rehfilet / venison fillet
Rehfleisch / venison
Rehgulasch / venison goulash
Rehkeule / leg of venison
Rehkotelett / venison cutlet
Rehleber / venison liver
Rehmedaillon / medallion of venison
Rehnüsschen / cushion of venison
Rehpastete / venison pâté
Rehpfeffer / jugged venison
Rehragout / venison ragout
Rehrücken / saddle of venison
Rehsahnefleisch / creamed venison
Rehschinken / venison ham
Rehschlegel / leg of venison
Rehschnitzel / escalope of venison
Rehsteak / venison steak
Rehziemer / →Rehrücken
Reibekuchen / →Kartoffelpuffer
Reibeplätzchen / →Kartoffelpuffer
Reibkäse / grated cheese
reich (Weingeschmack) / rich
reichhaltig / rich
reichliche Portion... / generous portion of...
reif (Frucht, Wein) / ripe; (Käse) / mature, ripe

Reineclaude / →Reneklode
Reis / rice
Reis Condé / rice Condé
Reis Kaiserinart / rice pudding with candied fruit
Reis Trauttmansdorff / rice Trauttmansdorff *(rice pudding with cream and candied fruit)*
Reisauflauf / rice pudding
Reisbett / bed of rice
Reisbrei / creamed rice
Reiseinlage, mit / with rice
Reisfleisch / veal (or pork) braised with rice, tomatoes and vegetables
Reisfleisch, buntes / →Reisfleisch
Reisgericht / rice dish
Reiskroketten / rice croquettes
Reiskrustaden / rice croustades
Reisnudeln / →Glasnudeln
Reispudding / rice pudding
Reisrand / →Reisring
Reisring (Reisrand) / ring of rice
Reissalat / rice salad
Reissockel / →Reisbett
Reisstrohpilz / →Paddy-Straw-Pilz
Reissuppe / rice soup
Reistimbale / rice timbale
Reiswein / rice wine
Relish / relish
Remoulade / rémoulade
Remouladensauce / rémoulade sauce
Ren / reindeer
Reneklode (Reineclaude) / greengage
Renke / →Blaufelchen
Renpfeffer / jugged reindeer
Rentier / reindeer
Rentierrücken / haunch of reindeer
Rentierschinken / reindeer ham
Rentiersteak / reindeer steak
Restaurationsbrot / large open-face sandwich
Rettich / radish
Retsina / retsina *(Greek wine with pine resin)*
Rezept / recipe
Rhabarber / rhubarb
Rhabarberkaltschale / chilled rhubarb soup
Rhabarberkompott / rhubarb compote
Rhabarberkuchen / rhubarb tart
rheinischer Sauerbraten / marinated braised beef [in the] Rhineland style
Rheinlachs / →Rheinsalm
Rheinsalm (Rheinlachs) / Rhine salmon
Rheinwein / Rhine wine, hock
Rib Eye-Steak / prime rib steak
Ricotta / Ricotta [cheese]
Riebelsuppe / egg drop soup
Riegel (Schokolade) / bar

Riesen... */ giant..., extra large...*

Riesencrevette / →Riesengarnele →Krabbe
Riesencurrywurst / grilled giant sausage with curry and ketchup

Riesengarnele / king prawn →Krabbe
Riesengarnelenspieß / king prawns on the spit →Spieß
Riesenportion... / extra large portion of...
Riesenscampi *(Plur.)* / scampi *(Plur.)* →Krabbe
riesig / extra large
Riesling / Riesling *(white grape variety)*
Rieslingsauce / Riesling [wine] sauce
Rieslingsuppe / Riesling [wine] soup
Rigatoni *(Plur.)* / rigatoni *(Plur.)* *(ridged macaroni)*
Rilleten / pork paste
Rind (Tier) / cow; bull; (Rinder) / cattle; (Fleisch) / beef

Rinder... / →auch Rinds...

Rinderbraten / roast beef
Rinderbrust / brisket of beef
Rindercarpaccio / beef carpaccio
Rinderfilet / fillet of beef
Rinderfilet Rothschild / fillet of beef Rothschild
Rinderfilet Wellington / fillet of beef Wellington
Rinderfiletsteak / beef fillet steak
Rindergaumen / beef palate
Rindergeschnetzeltes / chopped beef
Rinderhack / minced beef
Rinderherz / beef heart
Rinderhirn / brains of beef
Rinderhüfte / haunch of beef
Rinderhuftsteak / →Huftsteak
Rinderkotelett / beef cutlet
Rinderkraftbrühe / beef consommé →Suppe
Rinderleber / beef liver
Rindermark / beef marrow
Rinderniere / beef kidney
Rinderpökelbrust / pickled breast of beef
Rinderragout / beef ragout
Rinderrauchfleisch / smoked beef
Rinderrippe / rib(s) of beef
Rinderroulade / beef olive *(rolled and stuffed slice of beef)*
Rindersaftbraten / roast beef
Rindersaftgulasch / beef goulash
Rinderschmorbraten / braised beef
Rinderschmorsteak / braised beefsteak
Rinderschnitzel / beefsteak
Rinderschwanz / oxtail
Rinderschwanzstück / oxtail
Rindersteak / beefsteak
Rinderzunge / beef tongue
Rindfleisch / beef
Rindfleischbrühe / beef broth →Suppe
Rindfleischsalat / beef salad
Rindfleischsuppe / beef soup →Suppe

Rinds... / →auch Rinder...

Rindsroulade / →Rinderroulade
Rindsuppe / →Rindfleischsuppe
Rindswurst / beef sausage
Rindswürstchen / beef sausage(s)
Rippchen / spareribs
Rippe / rib, spareribs
Rippenspeer / →Kasseler Rippenspeer
Rippenstück / →Rippchen
Risi Bisi / →Risi-Pisi
Risi-Pisi / Risi Pisi *(rice and peas)*
Risi-Pisi-Suppe / Risi Pisi soup *(rice and pea soup)*
Risotto / risotto
Rissole, die / rissole *(pastry with meat filling)*
Roastbeef / roast beef
Roastbeefsandwich / roast beef sandwich
Robertsauce / Robert sauce *(with white wine and mustard)*
Rochen / skate, ray →Stachelrochen
Rogen / roe
Roggenbrot / rye bread
roh / raw;
(blau gebraten) / →Garstufen
roher Schinken / →Rohschinken
Rohkost / raw vegetables; raw fruit; uncooked food
Rohkostplatte / →Rohkostteller
Rohkostsalat / →Rohkostteller
Rohkostteller / raw vegetable salad
Rohrnudeln / macaroni *(Plur.)*
Rohrzucker / cane sugar
Rohschinken / cured ham
Rollbraten / rolled roast
Rollmops / rollmop *(pickled herring fillet rolled around a gherkin stick and onion slices)*
Rollschinken / rolled ham
Romanesco / romanesco
Romanow / [à la] Romanov
Römerbraten / Roman roast
Römersalat / →römischer Salat
Römertopf / Roman pot, chicken brick
römische Art / à la romaine, [in the] Roman style
römische Gnocchi *(Plur.)* / semolina gnocchi *(Plur.)*
römische Sauce / Roman sauce
römischer Salat (Römersalat, Sommerendivie) / cos lettuce (GB), Romaine lettuce (US)
Roquefort / Roquefort
Roquefortbutter / Roquefort butter
Roquefortsauce / Roquefort sauce
rosa gebraten / →Garstufen
...röschen / ...floret(s) *(z.B. "cauliflower florets")*
Rose-Island-Dressing / Rose Island dressing
Rosenkohl / Brussels sprouts
Rosenkohlröschen / small Brussels sprouts
Rosenwasser / rose water
Roséwein / rosé wine

Rosine / raisin
Rosinenbrötchen / currant roll(s)
Rosinensauce / raisin sauce
Rosmarin / rosemary
Rosmarinkartoffeln / rosemary potatoes
Rossini / Rossini *(with goose liver, truffles and Madeira sauce)*
Rost / grill
Rost, vom / →...vom Rost
Rostbraten / roast joint
Rostbraten Esterházy (Esterházy Rostéljos) / roast joint Esterházy *(slices of seasoned sirloin steak)*
Rostbratwurst / grilled sausage, barbecue sausage
Röstbrot / toast
Röstbrotwürfel / →Croûtons
rösten (Brot) / to toast; (Fleisch, Kaffee) / to roast
röstfrisch (Kaffee) / freshly roasted
Rösti / grated fried potatoes
Rösti-Taler / Swiss potato Thaler(s)
Röstkartoffeln / fried potatoes, sauté potatoes
Röstzwiebel *(Plur. ~n)* / roasted onion
Rotauge (Plötze) / roach
Rotbarbe / red mullet
Rotbarsch / redfish
Rotbarschfilet / redfish fillet
Rotbrasse / red sea-bream
rote Bete (rote Rübe) / beetroot (GB), beet (US)
Rote-Bete-Salat / beetroot salad →rote Bete
Rote-Bete-Sauce / beetroot sauce →rote Bete
Rote-Bete-Suppe / beetroot soup →rote Bete
rote Bohnen / kidney beans
rote Früchte / red fruit[s]
rote Grütze / red berry dessert, red fruit jelly
rote Johannisbeere / redcurrant
rote Rübe / →rote Bete
roter Paprika / →Paprika, rot
Rothirsch... / →Hirsch...
Rothschildsoufflé (auch ...soufflee) / soufflé Rothschild *(vanilla soufflé with candied fruit)*
Rotkohl / red cabbage
Rotkohl-Apfel-Salat / red cabbage and apple salad
Rotkraut / →Rotkohl
Rotwein / red wine
Rotweinbirne / pear in red wine
Rotweinbutter / red wine butter
Rotweinsauce / red wine sauce
Rotweinschalotten / red wine shallots
Rotwurst (Blutwurst) / black pudding
Rotzunge (Limande, Kliesche) / dab
Roulade / roulade, olive; (vom Rind) / beef olive *(thin slice of meat, stuffed, rolled up and braised)*
Rübe, gelbe / carrot

Rübe, rote / →rote Bete
Rübe, weiße / turnip
Rübenkraut / →Rübensirup
Rübensirup / sugar beet syrup
rubinfarben (Wein) / ruby
Rübstiel / →Stielmus
Rücken / saddle
Rückgrat (Weingeschmack) / solid, substantial
Rucola (Rauke) / rocket *(salad vegetable)*
Rucolasalat / rocket salad
Rührei[er] / scrambled eggs
Rum / rum
Rum, mit...flambiert / rum flambé
Rumfordsuppe / Rumford soup
Rumkugel / rum truffle
Rumpflaumen / plums in rum
Rumpsteak / rump steak
Rumtopf / rumpot
Rumverschnitt / blended rum
rund (Weingeschmack) / round
Rundstück / →Brötchen
Rundstück warm / hot roll
russische Art / à la russe, [in the] Russian style
russische Eier / hard-boiled eggs dressed with mayonnaise
russischer Salat / Russian salad *(diced vegetables with mayonnaise)*
russische Sauce / Russian sauce

S

Saarwein / Saar wine
Sabayon / sabayon *(whipped wine sauce)*
Saccharin / saccharin *(artificial sweetener)*
Sachertorte / Sacher gâteau *(rich chocolate cake)*
sächsische Art / à la saxe, [in the] Saxon style
Safloröl / →Distelöl
Safran / saffron
Safrankrebs / saffron crayfish →Krebs
Safranhuhn / saffron chicken
Safrannudeln / saffron noodles
Safranreis / saffron rice
Safranrisotto / saffron risotto
Safransauce / saffron sauce
Saft / juice
Saftgulasch / beef goulash
saftig / juicy; (Weingeschmack) / fruity
Sago / sago
Sagosuppe / sago soup
Sahne / cream
Sahnebaiser, das *(Plur. ~s)* / meringue Chantilly
Sahneberg, unter einem / under a mountain of cream, topped with cream
Sahneeclair, das (Gebäck) / cream éclair
Sahneeis / ice-cream
Sahnefruchtschnitte / cream fruit slice
Sahnehäubchen / →Sahnehaube
Sahnehaube, mit / topped with whipped cream
Sahnekäse / cream cheese
Sahnekartoffeln / →Rahmkartoffeln
Sahnekraut / creamed cabbage
Sahnekuchen / cream cake
Sahnemeerrettich / creamed horseradish sauce
Sahneragout / creamed ragout
Sahnesauce / cream sauce
Sahneschnitzel / escalope in cream, creamed escalope
Sahnetorte / cream gâteau
Sahnetunke / →Sahnesauce
Saibling (Bachsaibling, Seesaibling) / char[r]
Saint-Germain / Saint-Germain *(with peas)*
Saint-Germain-Suppe / Saint-Germain soup *(pea soup)*
Saint-James-Salat / Saint-James salad
Saint-Malo-Sauce / Saint-Malo sauce
Saison / →Saisongemüse →Salat der Saison
Saisongemüse / vegetables in season
Saitenwürstchen / pork sausage(s) *(like frankfurter)*
Sake (auch Saki) / sake, saki *(Japanese rice wine)*

Saki / →Sake
Salami / salami
Salamibrot / salami sandwich
Salamitüte / cornet of salami
Salat / salad
Salat aus frischen Früchten / fresh fruit salad
Salat der Saison / salad in season
Salat des Hauses / chef's salad
Salat satt / as much salad as you can eat, as much salad as you like
Salat vom Büfett / buffet salad →Büfett
Salatbett, auf einem / on a nest of lettuce
Salatbeilage / side salad
Salatbouquet / salad bouquet
Salatbüfett / [help yourself] salad bar →Büfett
Salatgarnitur / salad garnish
Salatgurke / cucumber
Salatherzen / →Kopfsalat-herzen
Salatkräuter / salad herbs
Salatmayonnaise / salad cream
Salatplatte / selection of salads
Salatsauce / salad dressing
Salatteller / mixed salad
Salattunke / salad dressing
Salbei / sage
Salbeijus / sage sauce
Salbeimäuschen / sage leaves baked in pastry
Salbeisauce / sage sauce
Salm (Lachs) / salmon
Salmi / salmi *(highly seasoned dish of game of fowl, partly roasted, then stewed in wine)*
Salmi von Fasan / salmi of pheasant
Salmisauce / salmi sauce
Salmschnitte / →Lachsschnitte
Salpicon / salpicon *(diced meat, fish, poultry, mushrooms, etc.)*
Salsa verde / salsa verde *(Italian salad dressing)*
Salz / salt
Salzburger Nockerln / Austrian pancakes *(soufflé omelettes from Salzburg)*
salzen / to salt
Salzfleisch / salted meat
Salzgebäck / pretzels and crackers
Salzgurke / cucumber pickled in brine
Salzhering / salted herring
salzig / salty
Salzkartoffeln / boiled potatoes
Salzkruste / salt crust
salzlos / salt-free, unsalted
Salzstangen / salted [pretzel] sticks
Samos / Samian wine *(sweet Greek wine)*
samtig (Weingeschmack) / velvety
Samtsauce / velouté sauce *(white sauce)*
Samtsuppe / velouté soup →Suppe
Sandaal / sand eel
Sanddornbeere / sallow thorn berry *(Plur. ~ies)*

Sandkuchen / Madeira cake, sand-cake
Sandwich / sandwich
Sangria / sangria
Sangrita ™ / Sangrita *(devilled tomato juice)*
Sanssoucisalat / Sanssouci salad
Sapote, große / mamey sapote, mammee sapote
Sapote, weiße / white sapote, Mexican apple
Sapotillapfel / sapodilla, chico
Sardelle / →Anschovis
Sardellenbutter / anchovy butter
Sardellenfilet / anchovy fillet
Sardellenringe / rolled anchovies
Sardellensauce / anchovy sauce
Sardellenstäbchen / anchovy straw(s)
Sardine / sardine
sardische Art / à la sarde, [in the] Sardinian style
Saßnitzer Brathering / grilled and pickled herring [in the] Sassnitz style
Satsuma / satsuma
satt / →zum Sattessen
Sattel[stück] / saddle of...
Sattmacher / substantial dish
sauber (Weingeschmack) / clean
Saubohnen (große Bohnen, dicke Bohnen, breite Bohnen Puffbohnen, Ackerbohnen, Pferdebohnen) / broad beans (GB), lima beans (US)
Sauce / sauce; (Bratensauce) / gravy
Sauce Béarnaise / béarnaise sauce
Sauce Choron / Choron sauce
Sauce Hollandaise / hollandaise sauce
Sauce Mousseline / mousseline sauce
Sauce Rémoulade / rémoulade sauce
Sauce Robert / Robert sauce
Sauce Tartar / →Tatarensauce
Sauce Tomate / tomato sauce
Sauce Vinaigrette / vinaigrette sauce
Saucenspiegel / pool of sauce →...spiegel
sauer / sour
sauer eingelegt / pickled
Sauerampfer / sorrel
Sauerampfersauce / sorrel sauce
Sauerampfersuppe / sorrel soup
Sauerbraten / braised beef in vinegar (GB), sauerbraten (US)
Sauerfleisch / marinated meat
Sauergemüse / →Mixed Pickles
Sauerkirsche / morello [cherry], sour cherry *(Plur. ~ies)*
Sauerkohl / →Sauerkraut
Sauerkraut / sauerkraut, pickled [white] cabbage
Sauerkraut mit Eisbein / sauerkraut with knuckle of pork
Sauerkrautauflauf / sauerkraut soufflé

Sauerkrautsalat / sauerkraut salad
Sauerkrautsuppe / sauerkraut soup
Sauermilch / sour[ed] milk
Sauerrahm / sour cream
Saumagen / stuffed pig's stomach
saure Bohnen / sour beans
saure Kutteln / tripe with vinegar sauce
saure Milch / soured milk
saure Rahmsauce / sour cream sauce
saure Sahne / sour cream
Sauser / →Federweißer
sautieren / to sauté
sautiert / sautéed *(z.B. "sautéed escalope", "sautéed in butter")*
Savarin / savarin *(sweet ring cake soaked in rum-flavoured syrup)*
Savignypastetchen / Savigny patty *(Plur. ~ies)*
Savouries / →pikante Vorspeisen
Savoyer Art / [in the] Savoyan style, à la savoyarde
Savoyer Kartoffeln / Savoy potatoes *(gratinated with cheese)*
Savoyer Kohl / →Wirsingkohl
savoyische Art / →Savoyer Art
Sbrinz / Sbrinz [cheese]
Scampi *(Plur., Sing. = Scampo)* (dem →Kaisergranat ähnlich) / scampi *(Plur.)*
Scampischwänze / scampi tails
Schabefleisch / →Beefhack
Schabziger / Schabziger [cheese]
Schaf (Fleisch) / mutton
Schaffleisch / mutton
Schafskäse / sheep's milk cheese
Schale (Muschel, Nuss, Krebs, Ei) / shell;
(Kartoffel) / jacket;
(Käse) / rind;
(Getreide) / husk;
(Obst, Gemüse) / skin;
(abgeschälte Schale von Obst und Gemüse) / peel
→in der Schale gebacken
→frisch aus der Schale
→in der Schale serviert
Schalenobst / nuts
Schalentiere / shellfish
Schalenwild / hoofed game
Schalotte / shallot
Schalottenbutter / shallot butter
Schalottensauce / shallot sauce
Schankbier / →Fassbier
scharf (Käse) / strong;
(Sauce) / hot
scharf gewürzt / spicy, piquant
scharfsäuerlich / sharp-and-sour
Schaschlik / shish kebab
Schattenmorelle / →Sauerkirsche
Schaum (Mousse) / mousse
Schaumbrot (größeres Schaumbrötchen) / mousse
Schaumbrötchen / mousseline(s)
Schaumcreme / mousseline pudding

Schaumkartoffeln / mousseline potatoes *(mashed potatoes with whipped cream)*
Schaumpudding / mousseline pudding
Schaumsauce / mousseline sauce
Schaumwein / sparkling wine
Scheibe / slice
Scheibenhonig / →Wabenhonig
Scheibenkartoffeln / sliced potatoes
Schellfisch / haddock *(nicht "shellfish" →Schalentiere)*
Scherbett / →Sorbet
Scheurebe / Scheurebe *(white grape variety)*
Schichtkohl / layer cabbage
Schichttorte / layer cake
...schiffchen / barquette(s), boat(s) *(patty shell filled with fruit, etc.)*
Schikoree / →Chicorée
Schildkröte (Seeschildkröte) / turtle
Schildkrötenkräuter / turtle herbs
Schildkrötensauce / turtle sauce
Schildkrötensuppe / turtle soup
Schill / →Zander
Schillerlocke (Fisch) / rolled strip of smoked fish; (Schaumrolle) / cream horn *(pastry cornet with vanilla cream filling)*
Schinken / ham
Schinken in Brotteig / ham baked in pastry
Schinken, gekochter / boiled ham
Schinken, geräucherter / gammon, smoked ham
Schinken, roher / raw ham
Schinkenauflauf / ham soufflé
Schinkenbrett / ham served on a wooden plate
Schinkenbrot / ham sandwich
Schinkenbrötchen / ham roll(s)
Schinkenkartoffeln / ham potatoes
Schinkenklößchen / ham ball(s)
Schinkenmedaillons / ham medallions
Schinkennudeln / noodles with ham, ham noodles
Schinkenomelett / ham omelet[te]
Schinkenpastete / ham pâté
Schinkenpfannkuchen / bacon pancake(s)
Schinkenplatte / ham platter
Schinkenreis / rice with ham
Schinkenröllchen / rolled ham, ham roll(s)
Schinkenschnitte / ham slice
Schinkensteak / ham steak
Schinkenstreifen / strip(s) of ham
Schinkenteller / ham platter
Schinkentüte / cornet of ham
Schinkenwurst / ham sausage
Schirmpilz / →Parasolpilz
Schlachtplatte / selection of fresh meat and sausages
Schlafrock / →Apfel/Banane im Schlafrock

Schlag / →Schlagsahne
Schlagobers / →Schlagsahne
Schlagrahm / →Schlagsahne
Schlagsahne / whipped cream
Schlegel (Geflügel) / drumstick; (Keule) / leg
Schlehe / sloe
Schlei[e] / tench
Schlei[e] blau / tench au bleu
Schleimsuppe / →Samtsuppe
Schlemmer / gourmet →Gourmand
Schlemmermahl / feast, banquet, for the gourmet
schlesische Art / [in the] Silesian style
schlesische Gurkenhappen / sliced pickles [in the] Silesian style
Schlosskartoffeln / château potatoes *(fried olive-shaped potatoes)*
Schlummertrunk / night cap
schmackhaft (pikant) / savoury (GB), savory (US); (wohlschmeckend) / tasty
Schmalz / dripping
Schmalzbrot / bread with dripping
Schmalzgebäck / fritters
Schmand / →saure Sahne
Schmankerl / titbit, delicacy
Schmant / →saure Sahne
Schmantkartoffeln / →Sahnekartoffeln
Schmarrn / →Kaiserschmarr[e]n
Schmaus / feast
Schmelz (Glasur) / glaze
schmelzen / to melt
Schmelzglasur / →Fondant
Schmelzkartoffeln (Fondantkartoffeln) / fondant potatoes
Schmelzkäse / →Streichkäse
Schmelzkroketten (Fondants) / purée croquettes
Schmerle / loach
Schmierkäse / →Streichkäse

Schmor... */ braised..., stewed...*

Schmorbraten / braised meat; pot roast →schmoren
schmoren / to braise, to stew; (Braten) / to braise, to pot-roast
Schmorfleisch / pot roast
Schmorgurken / braised gherkins
Schmorhuhn / stewed chicken
Schmorkartoffeln / stewed potatoes
Schmorsteak / stewed steak
Schmortomate / braised tomato *(Plur. ~es)*
Schnaps (Klarer) / schnapps
Schnecke / snail; (Gebäck) / Chelsea bun
Schnecken auf Burgunder Art / snails [in the] Burgundy style
Schneckenbutter / snail butter
Schneckenragout / snail ragout
Schneckensuppe / snail soup
Schnee / snow *(beaten egg white)*

Schneeeier (schwimmende Insel, Schneeklößchen) / floating islands *(meringues floating in custard sauce)*
Schneehaube, mit / snow-topped...
Schneehuhn / ptarmigan
Schneeklößchen / →Schneeeier
Schneidebohnen / →Bohnen, grüne
Schnepfe / woodcock
Schnepfenbrust / breast of woodcock
Schnepfenpastete / woodcock pâté
schnetzeln / to chop
Schnippelbohnen / →Bohnen, grüne
Schnittbohnen / →Bohnen, grüne
Schnittchen / →Kanapee
Schnitte / slice; (Stück) / cut
Schnittkäse / sliced cheese
Schnittknoblauch / Chinese chive, Chinese leek
Schnittlauch / chives *(Plur.)*
Schnittlauchkartoffeln / chive potatoes
Schnittlauchquark / curd with chives
Schnittlauchsauce / chive sauce
Schnittlauchvinaigrette / vinaigrette sauce with chives
Schnittsalat / cutting lettuce
Schnittsellerie / cutting celery
Schnitzel / escalope
Schnürsenkelkartoffeln / shoestring potatoes
Schokokruste / →Schokoladenguss
Schokolade / chocolate
Schokoladenbirne / chocolate pear
Schokoladenblatt / chocolate leaf *(Plur. leaves)*
Schokoladencreme / chocolate cream
Schokoladeneis / chocolate ice-cream
Schokoladenflammeri / chocolate flummery →Flammeri
Schokoladenglasur / →Schokoladenguss
Schokoladenguss (Schokoladenglasur) / chocolate icing
Schokoladenhippe / chocolate tube [filled with whipped cream]
Schokoladenkörbchen / chocolate basket(s)
Schokoladenmousse / chocolate mousse
Schokoladenpudding / chocolate pudding
Schokoladenraspel *(Plur. ~n)* / chocolate flake
Schoko[laden]riegel / chocolate bar(s)
Schokoladensauce / chocolate sauce
Schokoladensouffé (auch ...soufflee) / chocolate soufflé
Schokoladenüberzug / chocolate coating

Schokoriegel / →Schokoladenriegel
Scholle / plaice
Schollenfiletröllchen / plaice fillet roll(s)
schonend geräuchert / gently smoked
Schonkaffee / mild coffee
Schonkost / diet food
Schoppen (Altes Flüssigkeitsmaß für Wein, ca. 0.5 l. In der Gastronomie 0.25 l, oft auch nur 0,2 l. Meist ist damit "ein Glas Wein" gemeint.) / glass of wine
Schoppenwein (schoppenweise) / wine by the glass; (Glas Wein) / glass of wine
Schöps / →Hammel
Schorle (Wein) / spritzer
Schorlemorle / →Schorle
Schoß / →Roastbeef
Schößle / loin
Schote (Erbse) / pod
Schotten / →Quark
schottische Art / à l'écossaise, [in the] Scottish style
schottische Brühe / Scotch broth
Schrippe / →Brötchen
Schrot / grit, break →Vollkornschrot
schroten / to grind *(~ ground, ground)*
Schübling / small smoked sausage
Schulter / shoulder
Schulterstück / piece of shoulder
Schupfnudeln / potato noodles
Schuss / dash, splash →Prise →Spritzer
Schuss Rum / a dash of rum, a splash of rum
Schuss Zitrone / a dash of lemon, a splash of lemon
Schusterkarbonade / cutlet [in the] shoemaker's style
schwäbische Art / [in the] Swabian style
Schwabenkorn / →Dinkel
schwäbischer Kartoffelsalat / Swabian potato salad
Schwalbennestersuppe / bird's nest soup
Schwammerl / mushroom
Schwanz / tail
Schwanzstück / tail
Schwarte (Speck) / [bacon] rind;
(gebraten) / crackling
Schwartenmagen (Schwartenwurst) / brawn
Schwartenwurst / →Schwartenmagen
Schwarzbeere / →Blaubeere
Schwarzbrot / black bread, rye bread
schwarze Bohnen / black beans
schwarze Butter / black butter
schwarze Johannisbeere / blackcurrant
schwarze Olive / black olive
schwarzer Paprika / →Paprika, schwarz
schwarze Trüffel / →Trüffel, schwarze

schwarzer Heilbutt / black halibut, Greenland halibut
schwarzer Kaffee / black coffee
schwarzer Pfeffer / black pepper
schwarzer Tee / black tea
Schwarzsauer / goose giblets stewed with fruit[s] and thickened with goose blood
Schwarztee / →schwarzer Tee
Schwarzwälder Kirschtorte / Black Forest gâteau, Black Forest cherry cake
Schwarzwälder Schinken / Black Forest ham
schwarzweißer Salat / black and white salad *(potatoes and truffles)*
Schwarzwild / →Wildschwein
Schwarzwurst / →Blutwurst
Schwarzwurzel / [black] salsify
Schwarzwurzelgemüse / [black] salsify
Schwarzwurzelsalat / [black] salsify salad
Schwarzwurzelsuppe / [black] salsify soup
Schwedenplatte / smorgasbord *(marinated and smoked fish)*
Schwedenpunsch / Swedish punch
schwedische Sauce / Swedish sauce
Schweif (Weingeschmack) / lingering aftertaste
Schwein (Fleisch) / pork; (Tier) / pig

Schweine... / →auch Schweins...

Schweinebacke / pig's cheek
Schweinebauch / belly of pork
Schweinebraten / roast pork
Schweinebrust / breast of pork
Schweinefilet / pork fillet
Schweinefiletspitzen / pork fillet tips
Schweinefleisch / pork
Schweinefleischragout / ragout of pork
Schweinehals / neck of pork
Schweinekamm / →Schweinehals
Schweinekarree / ribs of pork
Schweinekeule / leg of pork
Schweinekotelett / pork cutlet, pork chop
Schweineleber / pig liver, pig's liver, pork liver
Schweinelendchen / loin of pork
Schweinemedaillon / pork medallion
Schweinenacken / →Schweinehals
Schweinenieren / pig kidneys, pork kidneys
Schweinerippe / pork spareribs
Schweinerollbraten / rolled roast of pork
Schweineroulade / pork olive →Roulade
Schweinerücken / saddle of pork
Schweinerückensteak / saddle of pork steak

Schweineschmalz / lard
Schweineschmorbraten / roast pork
Schweineschnitzel / pork escalope
Schweineschößle / roasted loin of pork
Schweinesteak / pork steak

Schweins... / →auch Schweine...

Schweinsfilet / pork fillet
Schweinsfuß / pig's trotter, pork trotter
Schweinsgulasch / pork goulash, goulash of pork
Schweinshaxe / knuckle of pork
Schweinshaxenfleisch / knuckle of pork
Schweinskopf / pig's head
Schweinsnuss / cushion of pork
Schweinsohr / pig's ear; (Gebäck) / kidney-shaped pastry
Schweinsschulter / shoulder of pork
Schweizer Käse / Swiss cheese
Schweizer Reis / rice pudding with strawberry sauce
Schweizer Salat / Swiss salad
Schweizer Wurstsalat / Swiss sausage salad *(with cheese)*
schwenken / →sautieren
Schwenkkartoffeln / buttered boiled potatoes, sautéed potatoes
schwer (Weingeschmack) / heavy
Schwertfisch / swordfish
Schweser / →Bries
schwimmende Insel / →Schneeeier
Sechs-Gänge-Menü / six-course meal
Seeaal / →Meeraal
Seebarbe (Meerbarbe) / mullet
Seebarsch / sea bass
Seefisch / salt water fish
Seefischfilet / fillet of salt water fish
Seeforelle / lake trout
Seehase (Lumpfisch) / lumpsucker, lumpfish
Seehecht (Hechtdorsch, Meerhecht) / hake →Hecht
Seehechtfilet / hake fillet
Seeigel / sea-urchin(s)
Seelachs (Köhler, Blaufisch, Kohlfisch) / coalfish, coley
Seelachsfilet / fillet of coalfish
Seemannsart / à la marinière, [in the] sailor's style
Seemannsgericht / sailor's dish
Seemannssauce / sailor's sauce
Seesaibling / →Saibling
Seeteufel (Angler, Lotte) / angler fish
Seeteufelfilet / fillet of angler fish
Seewolf / →Steinbeißer
Seezunge / sole
Seezungenfilet / sole fillet
Seezungenröllchen / rolled sole fillet(s)
Seezungenschnitte / sole fillet
Seidel / →Maß

Sekt / sparkling wine
selbst gebacken / home-made
Selbstbedienung / self-service
Selchfleisch / smoked pork
Selchkarree / smoked ribs of pork
Sellerie / →Bleichsellerie →Knollensellerie →Schnittsellerie
Sellerieherzen (Bleichsellerieherzen) / celery hearts
Sellerieknolle / →Knollensellerie
Sellerierahm (Bleichsellerie) / creamed celery sauce
Selleriesalat / →Bleichselleriesalat →Knollenselleriesalat
Selleriesauce (Bleichselleriesauce) / celery sauce
Selleriesuppe (Bleichsellerie) / celery soup
Selter[s]wasser / carbonated soda water
Semmel / →Brötchen
Semmelbrösel / breadcrumbs
Semmelklöße / →Semmelknödel
Semmelknödel / bread dumpling(s)
Senf / mustard
Senfbraten / roast with mustard
Senfbutter / mustard butter
Senfgurken / gherkins pickled with mustard seeds
Senfkartoffeln / mustard potatoes
Senfkörner / mustard seeds
Senfrühreier / scrambled eggs with mustard
Senfsahnesauce / mustard and cream sauce
Senfsauce / mustard sauce
Senftunke / mustard dip
serbische Bohnensuppe / spicy Serbian bean soup
serbisches Reisfleisch / veal goulash with rice
Serrano-Schinken / serrano ham *(Spanish country ham)*
serviert mit... / served with... (alle Gerichte werden serviert mit...) / all dishes are served with...
Serviervorschlag / suggested serving →Küchenchef...
Serviette / napkin
Serviette, in der / in [a] napkin
Serviettenklöße / →Serviettenknödel
Serviettenknödel / dumpling(s) in a napkin
Sesam / sesame
Sesambrötchen / sesame roll(s)
Sesamkörner / sesame seeds
Setzei (Spiegelei) / fried egg
Sherry / sherry
Sherryessig / sherry vinegar
Sherrysauce / sherry sauce
Shi[i]take [Pilz] / shiitake [mushroom]
Shrimp / →Krabbe
Sieben-Gänge-Menü / seven-course meal
Siedfleisch / boiled beef
Silberzwiebel *(Plur. ~n)* / pickled pearl onion
Sild / →Hering

Silvaner / Silvaner *(white grape variety)*
Silvestersalat / New-Year's-Eve salad
Sirloin Steak / sirloin steak
Sirup / syrup
sizilianische Art / [in the] Sicilian style, à la sicilienne,
Smetanasauce / smetana sauce *(sour cream sauce)*
Smitanesauce / →Smetanasauce
so viel man will / →zum Satt-essen
Sockel / bed *(z.B. "served on a bed of rice")*
Sodawasser / soda [water]
Softeis / soft ice-cream
Sojabohnen / soybeans
Sojabohnensprosse / soybean sprout
Sojakeimling / soybean sprout
Sojasauce / soybean sauce
Solei / pickled egg
Sommerendivie / →römischer Salat
Sommergemüse / summer vegetables
Sommersalat / summer salad
Sonnenblumenöl / sunflower oil
Sonnenfisch / →Petersfisch
Sonntagsbraten / Sunday roast
Sorbet (auch Sorbett) (Halbgefrorenes) / sorbet (GB), sherbet (US) *(z.B. "lemon sorbet", "lemon sherbet")*
Sorte / sort
sortenreich (Weingeschmack) / varied character
Soße / →Sauce
Soubise / [à la] Soubise *(with onion purée)*
Soubisesauce / Soubise sauce *(fine onion sauce)*
Soufflé (auch Soufflee) / soufflé
Spag[h]etti *(Plur.)* / spaghetti *(Plur.)*
Spaghetti alla bolognese / spaghetti with Bolognese sauce, spaghetti alla Bolognese
Spaghetti alla carbonara / spaghetti alla carbonara
Spag[h]ettikürbis / spaghetti marrow
Spalte (Orange, Pampelmuse etc.) / segment;
(Apfel, Melone etc.) / wedge
Spanferkel / suck[l]ing pig
spanische Art / à l'espagnole, [in the] Spanish style
Spargel / asparagus
Spargel, grüner / green asparagus
Spargelbohnen / asparagus beans
Spargelcremesuppe / cream of asparagus soup
Spargelgemüse / asparagus
Spargelkohl / →Brokkoli
Spargelköpfe / →Spargelspitzen
Spargelsalat / asparagus salad
Spargelsoufflé (auch ...soufflee) / asparagus soufflé
Spargelspitzen (Spargelköpfe) / asparagus tips
Spargelsülze / jellied asparagus
Spargelsuppe / asparagus soup

Spätburgunder / Spätburgunder *(red grape variety)*
Spätlese / late vintage wine
Spätzle / Swabian noodles
Speck / bacon
Speckbohnen / beans with bacon
Speckbratkartoffeln / fried bacon potatoes
Speckhülle / →Speckmantel
Speckkartoffeln / bacon potatoes
Speckkartoffelsalat / potato salad with bacon
Speckklöße / →Speckknödel
Speckknödel / bacon dumpling(s)
Speckknödelsuppe / bacon dumpling soup
Speckmantel, im / rolled in bacon, wrapped in bacon
Speckpfannkuchen / pancake(s) with bacon
Speckrosenkohl / Brussels sprouts with bacon
Specksauce / bacon sauce
Speckscheibe / rasher
Speckscholle / plaice with bacon
Speckschwarte / bacon rind
Speckstippe / bacon sauce
Speckstreifen / strip(s) of bacon →Speckscheibe
Speise (Nahrung) / food; (Gericht) / dish
Speiseeis / ice-cream
Speisekarte / menu
Speisen und Getränke / meals and beverages
Speisen, warme und kalte / hot and cold dishes, hot and cold meals
Speisenfolge / menu
Speiseöl / salad oil; cooking oil
Speisequark / curd cheese
Spekulatius / almond biscuit(s)
Spezi / cola with orange lemonade
Spezi mit Schuss / cola with orange lemonade and a dash of beer
Spezialgericht / special dish
Spezialität / speciality (GB), specialty (US)
Spezialität des Hauses / chef's speciality, speciality of the house (GB), ... specialty... (US), made to our own recipe
Spezialität des Tages / speciality of the day (GB), specialty... (US)
Spezialmenü / special menu
Spickaal / smoked eel
Spickbraten / larded roast
spicken / to lard
Spickgans / smoked breast of goose
...spiegel / pool of... *(z.B." served in a pool of nougat cream", "surrounded with nougat cream")*
Spiegelei (Setzei) / fried egg
Spiegeleier mit Schinken / ham and eggs
Spiegeleier mit Speck / bacon and eggs

Spiegelkarpfen / mirror carp
Spiel (Weingeschmack) / complex
Spieß (Kebab) / kebab *(z.B. "fish kebab")*; (Bratspieß) / spit; (kleinerer Bratspieß) / skewer
...spieß / ...kebab, ...on the spit
Spieß, am / on the spit *(z.B. "oysters on the spit")*
Spießbraten / roast from the spit
Spießchen / skewer →Spieß
...spießchen / →...spieß
Spinat / spinach
Spinatauflauf / spinach souflée
Spinatbandnudeln (grüne Nudeln) / broad spinach noodles
Spinatcremesuppe / cream of spinach soup
Spinatkartoffeln / spinach potatoes
Spinatknödel / spinach dumpling(s)
Spinatlasagne / spinach lasagne, spinach lasagna
Spinatnudeln / spinach noodles
Spinatpüree / spinach purée
Spinatroulade / spinach roll
Spinatsalat / spinach salad
Spirituosen / →Alkohol
Spitzbeine / →Schweinsfüße
Spitzkohl / white cabbage
Spitzkohlblatt / leaf of white cabbage *(Plur. leaves)*
Spritzer / sprinkle *(z.B. "with a sprinkle of lemon")*
Spritzgebäck / spritz biscuits
Spritzkuchen / squirted beignet(s)
spritzig (Weingeschmack) / crackling, crisp
Sprosse / shoot, sprout
Sprossenkohl / →Rosenkohl
Sprossensalat / sprout salad
Sprotte (Breitling) / sprat
Sprudel[wasser] / mineral water
Spur / trace, hint *(z.B. "with a trace of sourness", "with a hint of garlic")*
Squash (Fruchtsaftkonzentrat und das daraus entstehende Fruchtsaftgetränk) / squash; (Kürbis) / squash
St. Hubertus / St. Hubert *(with mushrooms and pepper sauce)*
Stäbchenkartoffeln / →Pommes frites
Stachelannone / →Cherimoya
Stachelbeere / gooseberry *(Plur. ~ies)*
Stachelbeersauce / gooseberry sauce
Stachelfeige / →Kaktusfeige
Stachelrochen (Nagelrochen) / thornback ray
Stachy (Knollenziest, japanische Artischocke) / Japanese artichoke
stahlig (Weingeschmack) / steely
Stamper[l] / stemless schnapps glass
Stampfkartoffeln / mashed potatoes
Stangenbohnen / →Bohnen, grüne

Stangenbrot / French bread, baguette
Stangensellerie / →Bleichsellerie
Stangenspargel / [spears of] asparagus
Stangenweißbrot / →Stangenbrot
Stangenzimt / →Zimtstange
stark (Weingeschmack) / strong
stark gewürzt / devilled (GB), deviled (US)
Starkbier / strong beer
Staudensellerie / →Bleichsellerie
Steak / steak
Steakpfanne / steak fry-up
Steckrübe / swede (GB), turnip (US)
Steckrübenmus / turnip purée →Steckrübe
Steckrübensuppe / turnip soup →Steckrübe
Steertstück / →Hüfte
Steinaal / →Dornhai
Steinbeißer (Seewolf, Wolfsfisch, Karbonadenfisch) / catfish, wolf-fish
Steinbutt / turbot
Steinbuttsuppe / turbot soup
Steinhäger ™ / Steinhäger *(juniper-berry brandy)*
Steinhuhn / rock partridge
Steinofen / stone oven
Steinofenpizza / pizza baked in the stone oven
Steinpilz / boletus [mushroom]
Steinpilzköpfe / boletus caps
Steinpilznudeln / boletus noodles
Steinpilzsauce / boletus sauce
Steinpilzsuppe / boletus soup
Sternapfel / star apple
Sternfrucht / →Karambole
Stielmus (Rübstiel, Streifrüben) / turnip tops
Stielsellerie / →Bleichsellerie
Stint / smelt
Stippe / sauce
Stockente / mallard
Stockfisch / dried salt cod
Stockfischbrandade / brandade of dried salt cod *(purée)*
Stollen / fruit loaf *(Plur. loaves)*, stollen cake *(loaf cake with raisins, almonds, nuts and candied lemon peel)*
Stopfleber / →Gänsestopfleber
Stör / sturgeon
strammer Max / ham and fried egg on bread
Straßburger Art / à la strasbourgeoise, [in the] Strasbourg style
Strauchbohnen / →Bohnen, grüne
Strauß / ostrich
Straußensteak / ostrich steak
Streichholzkartoffeln / shoestring potatoes
Streichkäse (Schmierkäse, Schmelzkäse) / cheese spread
Streichmettwurst / salami spread
Streichwurst / sausage spread
Streifrüben / →Stielmus

Streugemüse / assorted vegetables
Streusel / crumble(s)
Streuselkuchen / streusel cake *(cake with crumble topping)*
Stroganow (auch Stroganoff) / →Filetgulasch Stroganow
Strohhalm / straw
Strohkartoffeln / straw potatoes
Strohwein / dessert wine
Strudel / strudel *(thin sheet of dough filled with apple slices, rolled up and baked)*
Strudelteig / strudel dough
Stubenküken / spring chicken
Stück / chunk, piece, a piece of... →im Stück →im Ganzen gebraten; (geschnittenes Stück) / cut; (Scheibe) / slice
...stückchen / [small] piece of...
Studentenfutter / [assortment of] nuts and raisins
Stuten / [sweet] white bread
Sud / stock
süffig (Weingeschmack) / tasty, palatable
Sukkade / candied lemon peel
Sultanine / sultana
Sulz, die / jelly
Sülze / brawn; (Fleisch in Aspik) / jellied meat, ...in aspic →Sülzkotelett
Sulzgericht / →Sülze
Sülzkotelett / jellied pork cutlet, cutlet in aspic
Sumpfschnepfe / →Bekassine
Süppchen / →Suppe
Suppe / soup; consommé; broth, bouillon *Es gibt klare [clear] und gebundene [thick] Suppen [soups]. Bouillons [bouillons] und Consommés [consommés] sind klare Suppen. Eine Bouillon oder Brühe [broth] ist eine durchsiebte Fleischsuppe. Eine Consommé oder Kraftbrühe [consommé] ist eine Bouillon, die nochmals mit Fleisch oder Gemüse gekocht wird. Gebundene Suppen sind Cremesuppen [cream soups], Samtsuppen [velouté soups] und Pürreesuppen [purée soups].*
Suppenfleisch / boiled beef
Suppengrün (Suppenkräuter) / soup herbs
Suppenhuhn / [boiled] hen
Suppenkräuter / →Suppengrün
Suppenwürfel / bouillon cube
Suprême (das Beste) / supreme *(breast or fillet of poultry or game birds)*
Suprême von Huhn / supreme of chicken
Suprêmesauce / supreme sauce *(poultry stock with cream)*
Surfleisch / →Pökelfleisch
Surinamkirsche / →Pitanga
Sushi / sushi
Susine / →japanische Pflaume
süß / sweet
süßen / to sweeten
süßer Senf / sweet mustard
süßer Wein / sweet wine

Süßigkeiten / sweets (GB), candy, candies (US)
Süßkartoffel / →Batate
Süßkirsche / sweet cherry *(Plur. ~ies)*
Süßmost / unfermented fruit juice
Süßrahmbutter / creamery butter
süß-sauer / sweet-and-sour; (Gurke) / pickled
süßsaure Sauce / sweet-and-sour sauce
Süßspeise / sweet dish; (Nachspeise) / dessert; (kalte) / cold sweet dish; (warme) / hot sweet dish
Süßstoff / artificial sweetener
Süßwasserfisch / fresh water fish
Süßwein / dessert wine
Suzettesalat / Suzette salad
Szegediner Gulasch / goulash [in the] Szegedine style
Szegediner Roulade / stuffed beef olive [in the] Szegedine style

T

Tabasco™ / Tabasco sauce *(very hot sauce)*
tafelfertig / ready to serve
Tafelspitz / prime boiled beef
Tafelwasser / still mineral water
Tafelwein / table wine
Tagesdressing / dressing of the day
Tagesempfehlung / today's suggestion →Küchenchef...
Tagesfisch / fish of the day
Tagesgedeck / set menu of the day
Tagesgericht / dish of the day, day's special
Tageskarte / menu of the day
Tagespreis / today's price
Tagessuppe / soup of the day
Tagliatelle *(Plur.) /* tagliatelle *(Plur.) (ribbon noodles)*
täglich frisch / daily fresh
täglich wechselnde Speisen / daily specialities (GB), ...specialties (US)
Tamarillo / →Baumtomate
Tamarinde / tamarind, Indian date
Tangelo / tangelo
Tangerine / tangerine *(mandarin)*
Tapiokasuppe / tapioca soup
Tartelettes / →Tortelett
Taschenkrebs / crab →Krabbe
Tässchen / small cup
Tasse / cup
Tasse Kaffee / cup of coffee
Tassensuppe / soup served in a cup, soup en tasse
Tatar / raw, spiced minced beef *(eaten raw)*
Tatarbeefsteak / steak tartare *(eaten raw)*
Tatarenbrot / open sandwich with raw, spiced minced beef
Tatarensauce / tartare sauce *(mayonnaise with gherkins, capers and parsley)*
Taube / pigeon
Taube vier Wochen alt / squab
Taube, junge / young pigeon
Taubenbrust / pigeon breast
Taubenpastete / pigeon pâté
Täubling / russula [mushroom]
tausendjährige Eier / →chinesische Eier
Taybeere / tayberry *(Plur. ~ies)*
T-Bone-Steak / T-bone steak
Tee / tea
Tee mit Milch / tea with milk
Tee mit Rum / tea with [a dash of] rum
Tee mit Zitrone / tea with lemon
Teegebäck / biscuits (GB), cookies (US)
Teekuchen / plum cake
Teewurst / spreading sausage *(smoked sausage made of the finest of pork, beef and spices)*
Teichhuhn / →Blesshuhn

Teig / dough
Teigkruste, in / [baked] in pastry
Teigmantel / →Teigkruste
Teigtasche / cushion of pastry
Teigwaren / pasta
Teller / plate;
(Brett, Platte) / platter;
(ein Teller Suppe) / a plate of soup
Tellerfleisch / boiled beef
Tellergericht / one-course meal
Teltower Rüb[ch]en (märkische Rübchen) / Teltow turnips
temperiert / at room temperature
Teppichmuschel / carpet shell
Tequila / tequila
Teriyaki / teriyaki *(Japanese marinade)*
Terrine (Schüssel) / tureen;
(Pastete) / terrine *(z.B. "terrine of vegetables")*
Tessiner Teller / Ticino platter
Tête de Moine / Tête de Moine [cheese]
Teufelsart / devilled (GB), deviled (US)
Teufelsgurken / devilled gherkins (GB), deviled gherkins (US)
Teufelssauce / devilled sauce (GB), deviled sauce (US)
thailändisch / Thai
Thousand Islands Dressing / Thousand Islands dressing
T[h]unfisch / tuna
T[h]unfischsteak / tuna steak
Thüringer Bratwurst / fried Thuringia sausage
Thüringer Klöße / Thuringia dumplings
Thymian / thyme
Thymianbutter / thyme butter
Thymianjus / →Thymiansauce
Thymiankartoffeln / thyme potatoes
Thymiansauce / thyme sauce
tiefgekühlt / deep-frozen
Tiefseegarnele / deep-water shrimp →Krabbe
Tiefseehummer / →Kaisergranat
Tilsiter Käse / Tilsit [cheese]
Timbale (Becherpastete) / timbale
Tintenfisch / cuttlefish
Tippe Haas (Has im Topf) / hare [in the] Rhineland style
Tiramisu / Tiramisu *(Italian trifle)*
Tiroler Art / [in the] Tyrolean style, à la tyrolienne
Tiroler Bauernspeck / Tyrolean bacon
Tiroler Knödel / Tyrolean dumpling(s)
Tiroler Leber / calves' liver [in the] Tyrolean style
Tiroler Rostbraten / Tyrolean roast joint
Tiroler Sauce / Tyrolean sauce
Tiroler Speckknödel / Tyrolean bacon dumpling(s)
Tisch, am...zubereitet / prepared at the table

Tischwein / table wine
Toast / toast
Toast Hawaii / Hawaii toast
Toast Mozart / steak sandwich
Toastbrot (Scheibe) / slice of white bread [for toasting]; (in Scheiben geschnittenes Weißbrot) / sliced white bread [for toasting]
Toaststreifen / strip(s) of toast
Tofu / tofu *(soybean curd)*
Tokaier / Tokay
Tomate / tomato *(Plur. ~es)*
Tomatencremesuppe / cream of tomato soup
Tomatenkartoffeln / →Markgräfinkartoffeln
Tomatenketchup (auch ...ketschup) / tomato ketchup (US auch ...catsup)
Tomatenmark / tomato purée, tomato paste
Tomatenragout / tomato ragout
Tomatenreis / tomato rice
Tomatensaft / tomato juice
Tomatensalat / tomato salad
Tomatensauce / tomato sauce
Tomatensuppe / tomato soup
Tomatenwürfel / diced tomatoes
Tonic / tonic water
Tontopf / earthenware pot
Topf / pot
Topfen / →Quark
Topfenpalatschinken / pancake with curd filling
Topfkuchen / ring cake, pot cake
Topinambur / Jerusalem artichoke
Törtchen / tartlet(s)
Torte / fancy cake, tart, gâteau
Tortelett, das *(Plur. ~s)* / tartlet oder:
Tortelette, die *(Plur. ~n)* / tartlet
Tortellini *(Plur.)* / tortellini *(Plur.)*
Tortenbrie / Brie [cheese]
Tortenguss / glaze
Tortilla / tortilla
toskanische Art / à la toscane, [in the] Tuscany style
Touristenmenü / tourist menu
Tournedos, das (runde Lendenschnitte) / tournedos
tournieren / to turn
traditionelle Küche / traditional cuisine
tranchiert / carved
Trappistenkäse / Trappist cheese
Traube / grape; (blaue) / black grape; (weiße) / white grape
Traubensaft / grape juice
Traubensauce / grape sauce
Treibhausobst / hothouse fruit
Trester (Weintrester) / marc *(alcoholic spirit distilled from the skins and pips of pressed grapes)*
Trifle / trifle *(sponge cake soaked in wine, topped with custard and whipped cream and decorated with hundreds and thousands)*

Trinkgeld / tip
Trinkgeld inbegriffen / service included
Trinkhalm / straw
Trinkschokolade / chocolate
Trinkwasser / drinking water
trocken / dry
Trockenbeerenauslese / Trockenbeerenauslese *(wine made from choice grapes left to dry out at the end of the season)*
trockener Wein / dry wine
Trockenfrüchte / →Backobst
Trockenpilze / dried mushrooms
Trolley / →...vom Wagen
Tropenfrüchte / tropical fruit[s]
trüb (Saft) / cloudy
Trüffel, die *(Plur.~n)* / truffle
Trüffel, schwarze / black truffle →Trüffel
Trüffel, weiße / white truffle →Trüffel
Trüffelbutter / truffle butter
Trüffelcreme / truffle cream
Trüffelkartoffeln / truffled potatoes
Trüffelleberwurst / liver sausage flavoured with truffles (GB), ...flavored... (US)
Trüffelsauce / truffle sauce
Trüsche / →Aalrutte
Truthahn / turkey

Truthahn... */ →auch Puten...*

Truthahnbrust / breast of turkey
Truthahnbrustfilet / breast of turkey
Truthahngalantine / turkey galantine, galantine of turkey
Truthahnsteak / turkey steak
Truthenne / turkey [hen]
Tsatziki / tsatsiki
Tsatziki-Dip / tsatsiki dip
Tunfisch / →Thunfisch
Tunke / sauce, dip
türkische Art / à la turque, [in the] Turkish style
türkischer Honig / Turkish nougat, Turkish delight
...tüte / cornet *(z.B. "salmon cornet")*
Tuttifrutti / tutti frutti

U

überbacken / au gratin, gratinated; to gratinate; to brown
überbacken mit Käse / au gratin, gratinated
überbackene Kartoffeln / potatoes au gratin
überkrusten / →überbacken
Überraschungs... / ...surprise, surprise... →Überraschungskartoffeln
Überraschungskartoffeln / surprise potatoes, potatoes surprise
überzogen mit... / coated with..., basted with... *(z.B. "coated/ basted with a cheese sauce")*
Ugli / ugli
Ukelei / bleak
umlegt mit... / garnished with..., surrounded with...
ungarische Art / [in the] Hungarian style, à la hongroise *(with paprika sauce)*
ungarische Sauce / Hungarian sauce *(tomato sauce with bacon and paprika)*
ungarischer Hirtentopf / shepherd's stew [in the] Hungarian style
ungarisches Gulasch / Hungarian goulash
ungesalzen / salt-free, unsalted
ungeschält (Obst) / unpeeled; (Reis, Getreide) / unhusked
ungesüßt / →ungezuckert
ungewürzt / unseasoned
ungezuckert / unsweetened
unter einem Sahneberg / under a mountain of cream, topped with cream
untergäriges Bier / bottom-fermented beer

V

Vacherin / vacherin *(meringue filled with whipped cream)*
Valencienner Art / [in the] Valenciennes style, à la valencienne
Valoissauce / →Foyotsauce
Vanille / vanilla
Vanilleauflauf / vanilla soufflé
Vanillecreme / vanilla cream
Vanilleeis / vanilla ice-cream
Vanilleflammeri / vanilla flummery →Flammeri
Vanilleparfait / vanilla parfait
Vanillepudding / vanilla pudding
Vanillereis / vanilla rice
Vanillesauce / vanilla sauce
Vanilleschaum / vanilla whip
Vanillespiegel / pool of vanilla cream, surrounded with vanilla cream
Vanillezucker / vanilla sugar
Variation von... / selection of...
vegetarisch / vegetarian
vegetarische Küche / vegetarian cuisine
vegetarisches Gericht / vegetarian dish
Veilchenblüten / violet petals
venezianische Art / à la vénitienne, [in the] Venetian style
venezianische Sauce / Venetian sauce
Venusmuschel / clam
Verdisauce / Verdi sauce
verfeinert / refined
verlangen Sie nach... / ask for...
verlorene Eier / poached eggs
Vermicelles / →Vermicelli
Vermicelli *(Plur.)* / vermicelli *(Plur.) (fine spaghetti)*
Vermuth / →Wermut
Vermuthsauce / →Wermut-sauce
verschiedene... / assorted..., variety of...
verschleiertes Bauernmädchen (Tiramisu des Nordens) / veiled country girl
verschneiden (Getränke) / to blend
Verschnitt (Getränk) / blend
verschnitten (Getränk) / blended
Vesperteller / sausage and cheese platter
Vichy / Vichy *(garnished with carrots)*
Vichykarotten / Vichy carrots *(glazed carrots)*
Vichyer Rahmsuppe / →Vichy-suppe
Vichyssoise / →Vichysuppe
Vichysuppe (Vichyer Rahm-suppe, Vichyssoise) / Vichy soup *(cold potato and leek soup)*
Victoriabarsch / →Viktoria-barsch

Victoriasalat / Victoria salad *(spiny lobster salad)*
Victoriasauce / Victoria sauce *(lobster sauce with truffles)*
viel, so...man will / →zum Sattessen
Vier-Gängemenü / four-course meal
Vier-Jahreszeiten-Salat / four-season salad
Vierländer Art / [in the] Vierlanden style
Viertel[e] / →Viertelliter
Viertelliter / quarter *(250 cc)*
vierter Gang / fourth course
Viktoriabarsch / Lake Victoria perch
Villeroi / Villeroi *(with Villeroi sauce)*
Villeroisauce / Villeroi sauce *(white sauce)*
Vinaigrette[sauce] / vinaigrette sauce
Vitamin / vitamin
vitaminreich / rich in vitamins
Virginiasteak / Virginia steak
Vogelbeere (Ebereschenbeere) / rowan, rowanberry *(Plur. ~ies)*
Vol-au-vent, der (Pastete aus Blätterteig, gefüllt mit Ragout) / vol-au-vent *(Plur. ~s) (puff pastry case filled with a savoury mixture)*
Voisinkartoffeln / voisin potatoes *(Anna potatoes with cheese)*
Vollfettkäse / full fat cheese
Vollkornbrot / wholemeal bread, brown bread
Vollkornnudeln / wholemeal noodles
Vollkornreis / →Vollreis
Vollkornschrot / coarse meal
Vollmilch / full-cream milk, whole milk
vollmundig (Weingeschmack) / full-bodied
Vollreis (Vollkornreis) / brown rice
Vollwert... (gesund) / wholesome...
Vollwertkost / wholefoods, wholesome food
...vom Büfett / from the buffet
...vom Fass / →Fassbier
...vom Grill / grilled...
...vom Hammel / mutton...
...vom Holzkohlengrill / charcoal-grilled..., ...grilled over the charcoal
...vom Kalb / veal...
...vom Lamm / lamb...
...vom Rind / beef...
...vom Rost / grilled..., broiled..., barbecued...
...vom Schwein / pork...
...vom Spieß / ...on the spit →Spieß
...vom Wagen / ...from the trolley
Vorbestellung / to be ordered in advance
Vorderschinken / shoulder of ham
vornehm (Weingeschmack) / distinguished

Vorschlag / →Küchenchef...
Vorspeise / hors d'oeuvre *(Plur. ~s)*, appetiser (GB), appetizer (US), starter;
(erster Gang) / first course;
(pikante) / savoury (GB), savory (US) *(Plur. ~s)*
Vorspeisenteller / variety of hors d'oeuvres

W

Wabenhonig (Scheibenhonig) / comb honey
Wacholder / juniper
Wacholderbeere / juniper berry *(Plur. ~ies)*
Wacholderbranntwein / gin, genever
Wacholderbutter / juniper butter
wacholdergeräuchert / juniper-smoked
Wacholderrahmsauce / creamed juniper sauce
Wacholdersauce / juniper sauce
Wachsbohnen / yellow bush beans
wachsweiche Eier / medium-boiled eggs
Wachtel / quail
Wachtelbrüstchen / breast(s) of quail
Wachteleier / quail eggs
Wachtelessenz / essence of quail
Wackelpeter / →Götterspeise
Waffel / waffle;
(Eis) / wafer
Waffelkartoffeln / gaufrette potatoes
Wagen / →...vom Wagen
Wahl, nach / →nach Wahl
Wahl, nach Ihrer... / →nach Wahl

Wald... */ wild...*

Walderdbeere / wild strawberry, wood strawberry *(Plur. ~ies)*
Waldfrüchte / wild berries
Waldfrüchtesuppe / wild berry soup
Waldmeister (Maikraut) / woodruff
Waldmeisterbowle / woodruff punch
Waldorfsalat / Waldorf salad *(celery, apples and walnuts)*
Waldpilze / wild mushrooms
Waldschnepfe / →Schnepfe
Waliser Art / [in the] Welsh style
Walliser Art / à la valaisienne, [in the] Valais style *(nicht zu verwechseln mit "→Waliser Art")*
Walliser Raclette / Valais raclette cheese
Walnuss / walnut
Walnusseis / walnut ice-cream
Walnussöl / walnut oil
Walnusssauce / walnut sauce
Wammerl / →Schweinebauch
Wandtafel / blackboard
Wantontaschen / Wanton ravioli *(Plur.)*
warm / hot
warme Getränke / hot beverages
warme Küche / hot dishes
warme Süßspeise / hot sweet dish

warme und kalte Speisen / hot and cold dishes, hot and cold meals
Wärmeplatte / hotplate
warmer Kartoffelsalat / warm potato salad
warmes Büfett / hot buffet →Büfett
Wartezeit / waiting time; (15 Minuten Wartezeit) / Please allow 15 minutes!
Wasser / water
Wasserkastanien (chinesische Kastanien) / water chestnuts
Wasserkresse / →Brunnenkresse
Wassermelone / watermelon
Wecke[n] / →Brötchen
weich (Käse, Weingeschmack) / soft
weich gekochtes Ei / soft-boiled egg (GB), soft-cooked egg (US)
Weichkäse / soft cheese

Weihnachts... */ Christmas...*

Weihnachtsgans / Christmas goose
Weihnachtsmenü / Christmas menu
Weihnachtsstollen / Christmas stollen cake
Wein / wine
Wein im Glas (Ausschankwein) / wine by the glass; (Glas Wein) / glass of wine
Weinbeere / →Weintraube →Rosine
Weinbergschnecke / Burgundy snail
Weinblatt / vine leaf *(Plur. leaves)*
Weinbrand / brandy
Weincreme / wine cream *(pudding)*
Weinessig / wine vinegar
Weingelee / wine jelly
weinhaltiges Getränk / fortified wine
weinig (Weingeschmack) / vinous
Weinkaltschale / chilled wine soup
Weinkarte / wine list
Weinkraut / sauerkraut with white wine
Weinprobe / wine tasting
Weinrahmsauce / creamed wine sauce
Weinraute (Gartenraute) / rue
Weinrebe / vine
Weinsauce / wine sauce
Weinschaum / zabaglione
Weinschaumcreme / →Weinschaum
Weinschaumsauce / zabaglione sauce
Weinschorle / spritzer
Weinsorte / sort of wine
Weinsud, in / in wine
Weinsuppe / wine soup
Weinteig / wine dough
Weintraube / grape
Weinzwang / you have to order wine

Weißbier / →Weizenbier
Weißbrot / white bread
Weißbrotcroûton, der / crouton
Weißburgunder / Weißburgunder *(white grape variety)*
weiße Bohnen / haricot beans
Weiße-Bohnen-Suppe / haricot bean soup
weiße Rüben / →Mairüben
weiße Sapote / white sapote, Mexican apple
weiße Sauce / white sauce
weiße Trüffel / →Trüffel, weiße
weißer Pfeffer / white pepper
weißes Kalbsragout / fricasseed veal
Weißfisch / whitefish
Weißherbst / rosé wine
Weißkäse / curd cheese, cottage cheese
Weißkohl (Weißkraut, Spitzkohl) / white cabbage
Weißkohleintopf / white cabbage stew
Weißkohlsalat / white cabbage salad
Weißkraut / →Weißkohl
Weißling / →Merlan
Weißwein / white wine
Weißweinrahmsauce / white wine cream sauce
Weißweinsauce / white wine sauce
Weißwurst / white sausage, Bavarian sausage
Weißwurstsenf / →süßer Senf
Weißwurzel / →Haferwurzel
Weizen / wheat
Weizenbier (Weißbier) / wheat beer
Weizenbrot / wheat bread
Weizenkorn / wheat liquor
Welfenspeise / Guelph dessert *(wine cream dessert)*
Wellfleisch / boiled pork
Wels / catfish
Welsh Rabbit / Welsh rabbit, Welsh rarebit *(cheese melted on bread)*
Wermut (Wein) / vermouth
Wermutsauce / vermouth sauce
westfälische Art / [in the] Westphalian style
westfälische Kartoffelsuppe / Westphalian potato soup
westfälischer Schinken / Westphalian ham *(raw smoked ham)*
Westinghousesalat / Westinghouse salad *(celery and avocados)*
Whiskey (USA und Irland) / whiskey; (Großbritannien und Kanada) / whisky
Whisky / →Whiskey
Wie Sie es wünschen! / Just as you like!
Wiener Art / [in the] Viennese style, à la viennoise
Wiener Backhendl / fried spring chicken
Wiener Rolle / Viennese roll
Wiener Rostbraten / stewed sirloin steak [in the] Viennese style *(with fried onions)*

Wiener Schnitzel / breaded veal cutlet
Wiener Tafelspitz / prime boiled beef [in the] Viennese style
Wiener Würstchen / Wiener sausage(s)
Wiener Zwiebelfleisch / sirloin steak with onions
Wienerle / Wiener sausage(s)
Wiesenchampignons / meadow mushrooms
Wild (Tier) / game; (Fleisch) / venison →Wildgerichte
Wildbraten / roast game
Wildbret / →Wildfleisch
Wildente / wild duck
wilder Reis / wild rice (GB), Indian rice (US)
Wildfleisch / game; (vom Rotwild) / venison
Wildfond / game stock
Wildgans / wild goose
Wildgeflügel / game birds
Wildgerichte / game
Wildgeschmack / gam[e]y taste
Wildgulasch / game goulash
Wildhasenfilet / fillet of wild hare
Wildkaninchen / wild rabbit
Wildkraftbrühe / game broth
Wildlachs / wild salmon
Wildpastete / game pâté
Wildpfeffersauce / game pepper sauce
Wildplatte / selection of game
Wildragout / game ragout
Wildrahmsauce / creamed game sauce
Wildreis / →wilder Reis
Wildsauce / game sauce
Wildschwein / wild pig; (Keiler) / wild boar; (Bache) / wild sow
Wildschweinbraten / wild boar roast
Wildschweinkeule / leg of wild boar
Wildschweinrücken / saddle of wild boar
Wildschweinschinken / wild boar ham
Wildschweinsteak / wild boar steak
Wildsteak / game steak
Wildsuppe / game soup
Wildtaube / wild pigeon
Wildterrine / terrine of game
Wildwasserlachs / wild salmon
Williams Christbirne / Williams pear (GB), bartlett pear (US)
Windbeutel / cream puff
Windsorsalat / Windsor salad *(celery, chicken and truffles)*
Windsorsuppe / Windsor soup
Winterendivie / →Endivie
Wintergemüse / winter vegetables
Winterkresse / →Barbarakraut
winterlich / winterly
Wintermelone / →Zuckermelone
Winzerart / in the style of the wine grower, à la vigneronne
Wirsing / →Wirsingkohl

Wirsingeintopf / savoy vegetable stew
Wirsinggemüse / →Wirsingkohl
Wirsingkohl / savoy cabbage
Wirsingmantel / →im Wirsingmantel
Wirsingroulade / savoy roll
Witloof / →Chicorée
Wittling / →Merlan
Wodka / vodka
Wok / wok
Wolfsbarsch / bass
Wolfsfisch / →Steinbeißer
Wonnekraut / creamed sauerkraut
Worcestershiresauce / Worcestershire sauce *(nicht "Worcester sauce")*
Wunsch, nach / to your liking
...würfel / diced...
Würfelkartoffeln / diced potatoes
würfeln / to dice
Würfelzucker / cube sugar
Wurst / sausage
Wurstaufschnitt / [assorted] cold cuts
Würstchen / sausage(s)
Würstchen in Blätterteig / sausage(s) in puff pastry
Wursteinlage / with sausage
Wurstplatte / assorted cold cuts, selection of cold cuts
Wurstsalat / sausage salad
Würze (Gewürz) / seasoning, spice
Wurzel (Karotte) / carrot
***Wurzel...** / →Karotten...*

würzen / to spice, to season
Würzfleisch / spicy beef stew
würzig / spicy

X

Xaviersuppe / Xavier consommé
(garnished with small cheese dumplings)

Y

Yam[swurzel] / yam
Yoghurt / →Jog[h]urt
Yorker Schinken / York ham
Yorkshire Pudding / Yorkshire pudding
Ysop / hyssop *(herb)*

Z

Zabaglione / →Zabaione
Zabaione / zabaglione *(frothy dessert made of egg, sugar and wine)*
Zackenbarsch / grouper
Zahnbrasse / dentex
Zampone / zampone *(pork sausage mixture packed into a boned pig's trotter)*
Zander (Hechtbarsch, Schill) / pike-perch
Zanderessenz / essence of pike-perch
Zanderfilet / pike-perch fillet
Zanderklößchen / pike-perch dumpling(s)
zart (Fleisch) / tender; (Weingeschmack) / delicate, gentle
Zaziki / →Tsatsiki
Zephir / zephyr *(mousseline pudding)*
zerlassen / to melt
zerlassene Butter / melted butter
zerlegen (Fleisch) / to carve
Zervelatwurst / cervelat [sausage]
Zichorie / →Chicorée
Zicklein / kid
Ziege / goat
Ziegenkäse / goat's milk cheese, goat cheese
...ziemer / →...rücken
Zigeunerart / [in the] Zingara style, [in the] gypsy style
Zigeunergulasch / goulash Zingara
Zigeunerrostbraten / sirloin steak [in the] Zingara style
Zigeunersauce / Zingara sauce
Zigeunerschnitzel / escalope of veal [in the] Zingara style
Zigeunerspieß / kebab [in the] Zingara style →Spieß
Zigeunersteak / steak [in the] Zingara style
Zimt / cinnamon
Zimtapfel / →Cherimoya
Zimtcreme / cinnamon cream
Zimteis / cinnamon ice-cream
Zimtparfait / cinnamon parfait
Zimtreis / cinnamon rice
Zimtsahne / cinnamon cream
Zimtsauce / cinnamon sauce
Zimtstange (Stangenzimt) / stick of cinnamon
Zimtstern / cinnamon star *(star-shaped cinnamon biscuit)*
Zimtstreusel / cinnamon crumbles
Zimtzucker / sugar with cinnamon
Zitronat / candied lemon peel
Zitrone / lemon
Zitronelle / →Limette
Zitronenbutter / lemon butter
Zitronencreme / lemon cream
Zitronendressing / lemon dressing

Zitroneneis / lemon ice-cream
Zitronengras / lemon grass
Zitronenlimonade / lemonade
Zitronenmelisse / lemon balm
Zitronenrolle / lemon roll
Zitronensaft / lemon juice
Zitronensauce / lemon sauce
Zitronenschale / lemon peel
Zitronenschaum / lemon mousse
Zitronensorbet / lemon sorbet →Sorbet
Zitronentee / lemon tea
Zitruschutney / citrus chutney
Zitrusfrucht / citrus fruit
zubereiten / to prepare; (Cocktail) / to mix
zubereitet am Tisch / prepared at the table
Zubereitung nach Wunsch / cooked to your order
Zubereitungsart / →"Zubereitungsarten und Garnituren", Seiten 11-14
Zubereitungszeit / preparation time
Zucchini *(Plur.)* / courgettes (GB), zucchini[s] (US)
Zucchiniblüten / courgette blossoms (GB), zucchini blossoms (US)
Zucchinigemüse / courgettes (GB), zucchini[s] (US)
Zucchinisalat / courgette salad (GB), zucchini salad (US)
Zuchtchampignon / farmed mushroom
Zuchtforelle / farmed trout
Zuchtmuschel / farmed mussel
Zucker / sugar
Zuckererbsen (Prinzesserbsen) / sugar peas
Zuckerguss / icing (GB), frosting (US)
Zuckerhut / sugar loaf *(Plur. loaves)*
Zuckerkartoffeln / jacket potatoes covered with sugar
Zuckermais / sweetcorn
Zuckermelone / sweet melon
zuckern / to sugar
Zuckerrohr / sugar cane
Zuckerrübe / sugar beet
Zuckerschote (Kaiserschote) / snow pea pod
Zucherschotensuppe / snow pea pod soup
...zum Sattessen / as much as you like, as much as you can eat
Zunge / tongue
Zungenragout / tongue ragout, ragout of tongue
Zungenwurst / tongue sausage *(blood sausage with pieces of tongue)*
Zürcher Geschnetzeltes / veal fricassee [in the] Zurich style
Zutaten / ingredients
zweiter Gang / second course
zweites Frühstück / mid-morning snack
Zwergorange / →Kumquat
Zwetsche / plum
Zwetschenknödel / plum dumpling(s)

Zwetschenkuchen / plum pie
Zwetschenmus / plum jam
Zwetschensauce / plum sauce
Zwetschge / →Zwetsche
Zwetschgenwasser / plum brandy
Zwieback / rusk (GB), zwieback (US)
Zwiebel *(Plur. ~n)* / onion
Zwiebelcremesuppe / cream of onion soup
Zwiebelfleisch / sliced beef sautéed with onions
Zwiebelkartoffeln / onion potatoes
Zwiebelkuchen / onion tart
Zwiebelring / onion ring
Zwiebelrostbraten / stewed sirloin steak with fried onions
Zwiebelsauce / onion sauce
Zwiebelsuppe / onion soup
Zwiebeltorte / onion tart
Zwiebelwurst / onion sausage *(sausage with liver and onion)*
Zwischengericht / →Entrée
Zwischenrippenstück / rib steak

Anhang

[Neue deutsche] Rechtschreibung

Dieses Wörterbuch wurde nach den Regeln der deutschen Rechtschreibung gemäß Duden Band 1 (21. Auflage) und somit der neuen deutschen Rechtschreibung verfasst. Für den gastronomischen Bereich und hier im Speziellen für die Speisekarte hat sich mit der Rechtschreibreform allerdings sehr wenig geändert.

Die größte Schwierigkeit dürfte wohl die neue "ss/ß"-Regel sein, d.h. Flu**ss** statt Fluß, Tä**ss**chen statt Täßchen, aber immer noch Großmuttersart, Spieß, Kloß usw.

Die Regel: Bei einem kurz gesprochenen Vokal wie in Fl**uss** folgt ein "ss", bei einem lang gesprochenen Vokal wie in Kl**oß** folgt ein "ß". Weitere Beispiele mit kurzem Vokal: Nu**ss**, Aufgu**ss**beutel, gepre**ss**t. Beispiele mit langem Vokal: s**üß**, Beif**uß**, gr**oß**.

Eine weitere neue Regel ist, dass bei Zusammensetzungen und Ableitungen die Schreibung des Grundwortes beibehalten wird: Ka**mmm**uschel, Flu**sss**chifferart, La**mmm**edaillon usw. Nach Duden ist allerdings auch Kamm-Muschel usw. erlaubt.

Nachfolgend eine Liste einzelner, für die Speisekarte relevante Wörter mit neuer Schreibweise:

alt	neu
Gemse	Gämse
Känguruh	Känguru
Karamel	Karamell
Ketchup	auch Ketschup
Soufflé	auch Soufflee
Spaghetti	auch Spagetti
Thunfisch	auch Tunfisch
Yoghurt	Joghurt oder Jogurt

Sprachliche Hinweise

Ein deutscher Gast sollte eine deutsche Speisekarte verstehen können, ohne dass er dafür ein Wörterbuch zur Hand nehmen muss. Daher sollten möglichst deutsche Ausdrücke verwendet werden. Auf einen Sprachenmix sollte man verzichten: nicht *Duchesse-Kartoffeln*, sondern *Herzoginkartoffeln*, nicht *Oxtail-Suppe*, sondern *Ochsenschwanzsuppe,* nicht *Lobster Cocktail*, sondern *Hummercocktail.*

Nachfolgend einige sprachliche Hinweise für deutsche Speisekarten.

1. Anführungsstriche nur bei Hervorhebungen, wenn sie als Abgrenzung oder Wortspiele gemeint sind, wie z.B. *"Trelder Moorwasser"*. Ohne Anführungsstriche würde es sich tatsächlich um Moorwasser aus Trelde handeln.
   Keine Anführungszeichen werden bei Garnituren gesetzt, z.B. *Seezunge Colbert*, nicht: *Seezunge "Colbert".*

2. Keine Abkürzungen verwenden wie z.B. *"S.ce"* für *"Sauce".*

3. Keine fremdländischen Begriffe ohne Erklärung.

4. Anstelle des französischen *à la* sollte man *nach...Art* oder *auf...Art* verwenden, wobei Hauptwörter zusammengeschrieben werden, z.B. *nach Jägerart (nicht: Jäger Art),* aber *nach Hamburger Art*. Siehe dazu "Geographische Bezeichnungen" auf der folgenden Seite.

5. Bindestriche sollten nur bei Zusammensetzungen mit Personen- und Eigennamen benutzt werden, wie z.B. *Fürst-Pückler-Eis*.

Näheres zur Rechtschreibung in Bezug auf Speisekarten kann man auf der Homepage der Gastronomischen Akademie Deutschlands e.V. *http://home.t-online.de/home/gadinfra/speiseka.htm* erfahren.

Geographische Bezeichnungen

Die Übertragung von geographischen Bezeichnungen in eine andere Sprache bereitet oft Schwierigkeiten. Gerade die englische Bezeichnung weicht oft von der deutschen ab, z.B. *Bavaria* statt Bayern, *Baltic Sea* statt Ostsee, *Alsace* statt Elsass usw.

Geographische Bezeichnungen einschließlich der adjektivischen Formen werden in der englischen Sprache im Gegensatz zur deutschen Sprache immer mit einem großen Anfangsbuchstaben geschrieben, z.B. *German wine, Italian salad, Bavarian dumplings* usw.

An dieser Stelle noch etwas zur deutschen Rechtschreibung:

1. Zu einem geographischen Namen gehörende Adjektive und Partizipien werden großgeschrieben: z.B. *der Bayerische Wald, das Schwarze Meer.*

2. Die von geographischen Namen abgeleiteten Wörter, die auf ~er enden, werden großgeschrieben: z.B. *Hamburger Aalsuppe, Schwarzwälder Kirschtorte.*

3. Die von geographischen Namen abgeleiteten Adjektive, die auf ~isch enden, werden kleingeschrieben: z.B. *italienischer Salat, bayerische Leberknödel.*

€

Die korrekte englische Schreibweise von Geldbeträgen: Zuerst das Währungszeichen (in diesem Fall €), dann die Zahl mit Dezimalpunkt ohne Leerschritte dazwischen und ohne "00" durch "--" zu ersetzen.

Beispiel: **€17.00**

Worttrennungen

Im Gegensatz zur deutschen Sprache, für die es eindeutige Trennungsregeln gibt, sind die englischen Trennungsregeln widersprüchlich. Da die Worttrennung in England ohnehin unüblich ist, wurde in diesem Wörterbuch von jeglicher Trennung englischer Worte abgesehen.

Ist ein Wort trotzdem getrennt worden, so bedeutet dies, dass es mit einem Bindestrich zu schreiben ist.

Groß oder klein?

Die Regeln zur Groß- und Kleinschreibung sind in der englischen Sprache einfach und eindeutig. Mit einem großen Anfangsbuchstaben begonnen werden:

1. Der Anfang eines Satzes
2. Eigennamen und
3. geographische Bezeichnungen.

Es gibt zwar noch einige andere Regeln, die aber für die Übertragung von Speisekarten nicht relevant sind.

Eine Ausnahme der o. a. Regel sind Buchtitel, Schlagzeilen und Überschriften. Hier werden der erste Buchstabe sowie alle anderen Wörter mit Ausnahme der Konjunktionen, Präpositionen und Artikel großgeschrieben. Sofern man es möchte, kann man diese Regel auch auf die Speisekarte übertragen. Siehe dazu die Beispiele der Speise- und Getränkekarten auf den Seiten 166 - 169.

Die in diesem Wörterbuch großgeschriebenen englischen Worte sind ausnahmslos Eigennamen oder geographische Bezeichnungen und müssen auf jeden Fall so geschrieben werden.

Wie übersetze ich...?

Trelder Moorwasser, gefüllte Eier à la Susanne, Behldamer und Maultaschen

Der Kreativität der Köche sind bekanntlich keine Grenzen gesetzt. Spezialitäten und Bezeichnungen von Speisen sind oft nur lokal bekannt. Wenn z.B. auf einer Getränkekarte "Trelder Moorwasser" angeboten wird, so kann ein Gast unmöglich erahnen, dass es sich hier um eine Mischung von Cola mit Orangenlimonade handelt. Wie soll man das nun in die englische Sprache übertragen?

Es gibt vier Möglichkeiten: 1. unverändert lassen *("Trelder Moorwasser")*, 2. die wörtliche Übersetzung *"Trelde bog water"*, 3. die Erklärung *Cola with orange lemonade* und schließlich 4. unverändert lassen plus Erklärung *("Trelder Moorwasser", Cola with orange lemonade)*. Möglichkeit 4 ist sicherlich die sinnvollste.

Weniger eine Wortschöpfung als eine besondere Art der Zubereitung wäre z.B. "gefüllte Eier à la Susanne". (Übrigens eine Spezialität meiner Frau. Nur weiß keiner so genau, woraus die Füllung besteht, denn das ist ihr Geheimnis). Die Übertragung ist allerdings relativ einfach: "Stuffed eggs Susanne style".

Eine andere Art der Schwierigkeit ist die Übersetzung von unbekannten Wörtern. Nehmen wir einmal das Wort "Behldamer". Ein Käse? Richtig! Aber nur das Erfragen bringt Sicherheit. Dass es sich um einen nussartig schmeckenden Großlochkäse, der auf der Gutskäserei Behl bei Eutin hergestellt wurde, handelt, sollte dem Übersetzer relativ egal sein, denn die Übertragung ist auch hier einfach. Mit *Behldamer cheese* ist der Leser der Speisekarte ausreichend unterrichtet. Ohne den Zusatz *cheese* tappt er allerdings im Dunkeln.

Wichtig bei jeder Übertragung ist, dass der Gast eine Vorstellung davon hat, was er bestellt. Außerdem sollte die Übersetzung ästhetisch sein, so dass dem Gast schon beim Studium der Speisekarte das Wasser im Munde zusammenläuft. Nehmen wir einmal die schwäbischen Maultaschen. Unter "mouth pockets" wird sich der Gast kaum etwas vorstellen können. Die englische Bezeichnung "Swabian ravioli" trifft den Nagel auf dem Kopf. Der Gast weiß sofort, was ihn erwartet.

Sehr verschieden allerdings sind die Geschmäcker der Gäste. Was für den norddeutschen Gast "Hundefutter" ist, kann für den schwäbischen Gast etwas durchaus Schmackhaftes sein, z.B. "saure Kutteln". Bei der Übertragung ins Englische gibt es jedoch Schwierigkeiten mit den unterschiedlichen Esskulturen. Unter *tripe* stellt sich jeder Engländer so etwas wie Magenwände und etwas Minderwertiges vor.

Auch "Hackepeter" kann nicht jeden Gast erfreuen. Schließlich ist das rohes Fleisch. Eine Engländerin hat mich einmal als "Kannibale" bezeichnet, als ich herzhaft in ein mit Beefhack belegtes Brötchen hineingebissen habe.

In Afrika isst man Heuschrecken, in Kombadscha saftige Vogelspinnen, in Japan eingemachte Larven der Köcherfliege, in China Wasserkäfer garniert mit geschälten Karotten und in Australien Honigameisen mit Schlagsahne. Wir essen lebende Austern, die zwischen den Zähnen noch zucken, Saumagen, Blutwurst, Fischrogen, Innereien aller Art, Schnepfendreck usw.

Die Frage, die man sich bei der Übersetzung stellen muss, ist, wie man diese Speisen auf einer Speisekarte appetitlich und korrekt überträgt. Der Gast, der nun partout etwas gegen den Verzehr von Blutwurst hat, soll diese auch nicht aus Versehen bestellen. Die korrekte Übersetzung wäre übrigens *black pudding*. Was sich nun ein Gast aus dem nicht Englisch sprechenden Ausland darunter vorstellt, ist wieder eine andere Sache.

Menu

Starters

Deep fried king prawns *Succulent king prawns in natural breadcrumbs deep-fried and served with lemon and tartar sauce.*	€5.20
Chilled melon wedge *Chilled wedge of the ripest melon available.*	€3.60
Smoked mackerel salad *Oak-smoked fillet served on crisp salad with brown bread.*	€7.40

Salads

Green salad	€3.60
Julienne salad bowl	€4.20
Tomato and onion salad	€3.90
Chef's salad	€7.00

Soups

Oxtail soup	€3.80
Lobster soup	€4.50
French onion soup	€3.80

Fish

Seafood platter *Mixture of plaice goujons, scampi tails, haddock chunks, queen scallops, served with chips, peas and lemon.*	€13.50
Deep fried scampi tails *Whole-tail scampi in natural crumbs served with chips and peas, lemon and tartare.*	€16.00
Whole boneless lemon sole *Grilled in butter served with chips and salad.*	€14.50

Menu

Meat

Roast joint of the day *Served with a selection of vegetables and potatoes.*	€19.00
Grilled chicken steak *Boned chicken grilled well done served with chips, peas and tomatoes.*	€12.30
Supreme of chicken in cream sauce *Fried in butter, deglaced with brandy and cream, finished with cream sauce served on a bed of green beans and sliced mushrooms.*	€12.50

Meat Free Dishes

Vegetable lasagne	€7.80
Curried vegetables	€9.80

Side Orders

Fried onion rings	€1.50
Button mushrooms	€1.70
Buttered garden peas	€1.50
Jacket potato	€1.50

Desserts

Triple chocolate terrine	€2.50
Choice of ice-creams (per scoop)	€1.00

Beverages

Tea	€1.50
Coffee with cream	€1.50
Hot chocolate	€1.50
Milk	€1.50

Menu

S T A R T E R S

Chef's Choice of Soup
A Steaming Bowl of Soup with Crusty Locally Baked Bread.

Country Terrine
A Traditional Rich Farmhouse Pâté with Toast.

Melon Boat
A Slice of Chilled Melon and a Twist of Orange.

M A I N C O U R S E S

Traditional Roast Seasonal Turkey
With Savoury Stuffing, Chipolata Sausage and Cranberry Sauce.

Prime Roast Beef with Yorkshire Pudding
Served with Horseradish Sauce.

Salmon Steak with Lobster Sauce
A Tender Fillet of Poached Salmon.

D E S S E R T S

Christmas Pudding with Yuletide Sauce

Choice of Gateaux

Followed by

Coffee and Pie

€19.80

Wine List

	Glass	Bottle
House Wine		
Liebfraumilch, *fruity medium dry*	€1.60	€6.50
Red Wines		
1990 Claret, Lebegue (Bordeaux) *A nicely balanced, inexpensive wine soft and supple.*		€7.20
1990 Côtes du Rhône, Pere Anselme (Rhône) *A well rounded wine, deep in colour, soft with agreeable tannin.*		€7.65
1987 Rioja, Carta de Oro (Spain) *Medium ruby colour, dry, with a rich oaky nose.*		€8.75
White Wines		
1990 Oppenheimer Krötenbrunnen, Kabinett, Rheinhessen *A delicious medium fruity wine.*		€6.95
1989 Piesporter Michelsberg - Hüsgen (Moselle) *Medium, with a refreshing acidity.*		€7.95
Rose Wine		
1990 Cabernet D'Anjou (Loire) *Fresh, medium dry.*		€7.90
Sparkling White Wines		
H. Lanvin 'Brut' (Champagne) *A good sound dryish Champagne from the Epernay Region.*		€9.90
Schloss Bochingen (German Sekt) *Well made, inexpensive wine for the 'Party' occasion.*		€8.40

Redewendungen

Nachfolgend eine kurze Auswahl von Redewendungen, wie sie so oder ähnlich häufig auf Speisekarten anzutreffen sind.

Welcome to our restaurant.
We are pleased to see you and hope you will enjoy your meal.

Service from 6 a.m. to midnight.
Open from 12 to 5 - 7 days a week.
Served each day, Monday to Friday.
Hot dishes are available from April to October, daily between 11.00 a.m. and 2.00 p.m.
The restaurant is closed on Monday.
Hot dishes at any time.

See blackboard for daily specials and desserts.
Please ask the waitress for today's tempting choice.
Please ask for today's specials.
Our waiting staff will be happy to tell you today's variety.
The Head Waiter will gladly offer suggestions and advice on dishes to suit your personal taste and, if you are on a restricted or special diet, to see that your requirements are met.

Our main courses are all served with a selection of freshly cooked seasonal vegetables unless otherwise stated.
All our main courses are served with a choice of French fries or jacket potato and salad.
All grills are garnished with grilled tomatoes, mushrooms and straw potatoes.

Items marked ☺ contain no meat or fish.
☺ Indicates suitable for vegetarians.
☺ All items suitable for vegetarians are marked with this symbol.
All our vegetarian meals are 100% free of any meat product.
Special dietary dishes are available on request.

Only the freshest ingredients are used.
Since we prepare your meal to order, please allow us time to maintain the highest possible standards in taste and preparation.
Please allow 15 minutes.
Have it cooked to your liking.

These are fish dishes that are normally always available - seasonal and short term specialities can be found on the menu boards.

Please help yourself from a choice of freshly prepared salad dishes.
All salad prices are for one visit to the salad bar.

For this meal we suggest a red wine from Rioja.

We have a good selection of dishes to choose from, followed by a simple children's dessert at an all inclusive price.
Our waiting staff will be happy to tell you of today's treat for our younger guests.
Our younger guests also are well catered for with their own special menu.
A smaller portion of our main course dish.
Special foods for infants are available for ready service on request.
Parents please note: Our selection of children's pancakes also includes smaller versions of pancakes from the main menu.

The price also includes two scoops of chocolate, vanilla or strawberry ice-cream as a dessert.
A superb selection of desserts is available upon request.
A separate dessert menu will be given to you after your main course.
Welcome to the mouth-watering selection of ice-cream cocktails created specially for you. Choose from these or simply create your own with these favourite flavours listed below.

Service charge and VAT included.
All prices include VAT.
Children half price.
The price includes vegetable of the day or salad from the buffet.
Please pay at the cash desk at the entrance.

Literatur

1. Das neue Küchenlexikon, Erhard Gorys, dtv
(mehr als 7500 Stichwörter, davon viele französische)

2. International Dictionary of Food and Cooking, Charles Sinclair, Peter Collin Publishing
(24000 englische, französische und internationale Stichwörter)

3. Larousse Gastronomique
(Die wohl größte Enzyklopädie auf diesem Gebiet. Es gibt eine französische und eine englische Ausgabe.)

Es gibt eine Vielzahl von Fachbüchern und auch Wörterbüchern auf dem gastronomischen Sektor, von Kochbüchern ganz zu schweigen. Was das Preis-Leistungsverhältnis, den Nutzen und vor allem die Zuverlässigkeit betrifft, kann ich die o. a. Werke als Sekundärliteratur empfehlen, wenn es darum geht, eine deutsche Speisekarte in die englische Sprache zu übertragen.

Das Gesuchte nicht gefunden?

Sie haben den gesuchten Begriff in diesem Wörterbuch nicht gefunden?

Dann schauen Sie sich bitte die Neueinträge auf meiner Homepage an. Sollten Sie den gesuchten Begriff auch dort nicht gefunden haben, können Sie mir per E-Mail oder Fax den gesuchten Begriff mitteilen, den ich dann auf meiner Homepage ins Netz stellen werde.

Homepage:	http://home.t-online.de/home/oppermann.sprachen
E-Mail-Adresse:	oppermann.sprachen@t-online.de
Fax-Nr.:	(04181) 6936
Anschrift:	Wilfried Oppermann Amselweg 14a 21244 Buchholz

...und jetzt noch etwas für die Lachmuskulatur:

Die "Speisekarte" aus Kairo*

* Gefunden in "Lebende Sprachen 4/85"

Soap of the day / Hard egg with sauce mayonnaise /
Prawn cock and tail / Frog leagues

***

Muscles of Marines / Lobster thermos / Fresh caut soul

***

Two peasants / Lark in the spit / Wild duck in orange socks

***

Cock in wine / Lioness cutlet / Steak O'Poivre /
Biftek Gordon Blue / Iris Stew a L'Ecossaise

***

French beas / French fried ships / Spineitch / Sprouts of Bruxelles

***

Please try the tarts of the house available for your delight on the trolley
cheese and biskiss / Cafe au lit

***

If you are wishing to show feelings, wait until you see the manageress.